JN121202

ジェネラリスト・ソーシャルワークの継承と創発

——佐藤豊道の研究・教育から——

新保 祐光・久保田 純［編著］

風間書房

はじめに

本書は、ジェネラリスト・ソーシャルワーク研究の第一人者である佐藤豊道から教えを受け現在ソーシャルワークに関する教育機関や実践現場で働く者たちが、佐藤の教えを踏まえたそれぞれの研究並びに実践について考察しながら、改めて佐藤豊道が構築した理論について検証するとともに、後世に継承していく目的で編纂された。本書のタイトル『ジェネラリスト・ソーシャルワークの継承と創発―佐藤豊道の研究・教育から―』は、このことを意図したタイトルである。

本書を語る上で、私ごとで恐縮だが、私自身と佐藤（以降、敬意並びに普段の呼び名としての「佐藤先生」と表記させてもらう）との出会いから記述する必要がある。私が佐藤先生と出会ったのは1995年まで遡る。当時東洋大学社会福祉学科の１年生であった私は、２年生に進級するにあたりゼミの希望を提出する必要があった。どのゼミにするかを迷っていた私は、とある先輩に相談したところ「絶対に佐藤先生のゼミがいい」と強く勧められた。学生の間では「佐藤先生のゼミはとても厳しいらしい」という噂があったものの、先輩に勧めで佐藤ゼミに入り、そこで初めて佐藤先生と出会うことになったのである。

佐藤ゼミで出会った佐藤先生の第一印象は、「厳しい」という評判が嘘に感じるほどに、温和で、語り口も柔らかく理性的で、他者の話を丁寧に聞く非常に穏やかな人というものだった。一方で、佐藤先生のゼミに入ると、噂通り非常に難解（教員になった今でもそう感じる）な文献の読み込みが始まり非常に苦労することとなり、そのなかでの佐藤先生の的確で鋭い指摘を目の当たりにしていくこととなる。こうして、佐藤先生からの指導が続くなかで、佐藤先生の「ソーシャルワーク」に対する熱い思い、「人間讃美」に基づくクライエントを中心にした視座、膨大な読書から裏付けられた豊富な知識・理論に触れていき、私は「ソーシャルワーク」、そして佐藤先生の人柄に強く惹かれていくこととなった。（私の理想のソーシャルワーカー像はまさに佐藤先生である）こうして、この出会い以降、四半世紀近くにわたり佐藤先生から教えを受け続けることになったわけであるので、佐藤先生との出会いを作ってくれたその先輩には感謝の思いしかない。

学部での佐藤先生からの教えを受け、私はソーシャルワーカーになることを決意し、大学卒業後にソーシャルワーカーとしての実践を始めることとなる。現場で働くようになった私は、本書でも幾度となく登場する「ソーシャルワーク実践研究会」において定期的に佐藤先生よりスーパーバイズを受け続けた。この部分については本書のなかでも詳細な部分が書かれているのでここでは詳細は省くが、「ソーシャルワーク実践研究会」での佐藤先生並びに同じ志を持つ仲間との「理論と実践の融合」の学びは非常に大きなものがあった。

そしてソーシャルワーカーとして働き６年目が経過した頃、ある程度の基本的な業務はこなせるようになってきていたものの、私は「さらによりよいソーシャルワーク実践を行なうにはどうすればいいのか」という壁にぶつかることとなる。この際佐藤先生は「では働きながら、大学院で自らの疑問について研究すればいい」と大学院への進学を勧めてくださり、以降私は佐藤先生のもとでソーシャルワーカーとして働きながら修士課程・博士課程とソーシャルワーク実践理論の研究に打ち込むこととなる。大学院では佐藤先生より社会学を基礎とした「社会」「人」「システム」「交互作用」といった部分の理論の教えを受けながら、さまざまな社会理論と自らが体感しているソーシャルワーク実践の融合をともに目指すこととなった。（これは私にとって非常に幸せな時間であった）

このように私は学部時代の「ソーシャルワークとの出会い」、そして実践現場でのソーシャルワーカーとしての実践、さらに大学院でのソーシャルワーク実践理論の研究と、私にとっての「ソーシャルワーク」を構成するすべてを佐藤先生から教示してもらってきたといっても過言ではなく、現在大学教員としてソーシャルワーカー養成を行ない、ソーシャルワークに関する研究を続けている私の人生に多大な影響を与えてきたのである。

そんな佐藤先生も、私が博士論文を書き上げた2017年３月をもって東洋大学を退官された。退官にあたっては、当然の如く私も含めた数多くの教え子や他の研究者から「最終講義」や「退官を祝う会」などの打診があったが、佐藤先生はすべて固辞された。もちろん個人的には非常に残念に思っていたわけであるが、反面長年の付き合いから固辞されるのも予想の範囲であった。佐藤先生は常に「ソーシャルワーク」が思考の中心にあり、大袈裟ではなくすべての事象を「ソーシャルワーク」を軸に考えられていた。その範囲は、社会情勢、地球規模の環境問題、芸術、スポーツと非常に幅広いものであった。その思考は常にクライエント中心、つまりは他者中心であり、自身を中心に置く思考はないに等しかった。このことから、「最終講義」や「退官を祝う会」などの自身が中心となる事象には興味がなく、あくまで「これまで私が話してきたことを皆さんがどう受け取り、これからどう活かすのかの方がはるかに大事ですよ」という佐藤先生の心の声が聞こえていたのである。

本書の構想は、「佐藤先生の退官にあたって感謝の気持ちを何かを形として残したい」という思いと、反面上記のようにただ佐藤先生のことを懐古するだけでは佐藤先生は決して喜んではくれないという思いを共有する仲間と検討するなかで生み出された。「これまで私が話してきたことを皆さんがどう受け取り、これからどう活かすのかの方がはるかに大事ですよ」を体現するものとして、佐藤先生の教えを受けた者たちがそれぞれ佐藤先生の教えからどのように自身のソーシャルワークに活かしているのかをまとめ提示することにしたのである。私と同様に学部から佐藤先生の教えを受けてきたものに執筆を依頼し（大学院等で佐藤先生の教えを受け影響を受けている方々や、ともに研究をされてきた方々も多くいると思うが、そこまで広げられなかったのは編者の力不足であり、ここで謝罪したい）、執筆内容は「佐藤先生からの教えを、どのように現在活かしているのか」という点のみで依頼をさせていただいた。そのため、執筆者は大学教員や現場で働くソーシャルワーカーなどであり、執筆内容も非常にバラエティに富むこととなった。読みづらい点は多々あると思われるが、ぜひソーシャルワークに関わる多くの人たちが本書を読み、佐藤豊道のソーシャルワーク理論の一端に触れてくれることを切に望んでいる。

本書は佐藤先生が退官された直後から構想されていたのにも関わらず、刊行がここまで遅くなったのはひとえに編者の責任である。本書は執筆者一人一人の佐藤先生への強い思いがなければ完成することはなかった。何よりも佐藤先生に本書を捧げ、本書について佐藤先生からコメントをいただくことを楽しみにしたい。

最後に出版事情が悪いなかで、本書の出版企画を快くお引き受け頂いた、風間書房の風間敬子氏に心から感謝申し上げたい。

2023年６月

執筆者を代表して　久保田　純

目　　次

はじめに
佐藤豊道教授の経歴・実績……1

第1章　理論編……27

ジェネラリスト・ソーシャルワークの視点「人間：環境：時間：空間の交互作用」
……新保　祐光　29
ジェネラリスト・ソーシャルワーク実践における「人間：環境：時間：空間」概念の検討―佐藤豊道のジェネラリスト・ソーシャルワーク理論を手がかりに―
……井上　修一　65
なじみの関係にもとづいた協働的なアセスメントの体系化に関する試行的考察―介護福祉実践が陥る単純定型化の検討に関連づけて―
……山口　　圭　77

第2章　事例検討編……97

「人間：環境：時間：空間の交互作用」のソーシャルワーク実践―佐藤豊道のスーパーバイザーとしての助言の構造化―
……久保田　純　99
ソーシャルワーク実践研究会における退院調整における経済的支援についての検討―緩和ケア移行期の事例―
……内田　栄美　171

ソーシャルワーク実践における記録の意義の再発見
—小児がんの再発例の患児家族とのかかわりを通して—
……樋口　明子　179
ソーシャルワークの価値の媒介における有用な理論の検討
—田村健二の「コップ」の比喩を応用した人間理解—
……齋藤久美子　193

第3章　教育編……205

佐藤豊道先生への近況と実践報告……村松　愛子　207
佐藤先生について……國吉安紀子　211
佐藤先生との思い出……植村　麻美　215
佐藤先生から学んだこと……齋藤久美子　217

おわりに……219

佐藤豊道教授の経歴・実績

【経歴】

1995年－2017年　東洋大学社会学部教授
2006年－2007年　Graduate School of Social Welfare, University of California, Berkerey ; Visiting Scholar
1996年－2006年　東洋大学大学院社会学研究科福祉社会システム専攻　兼担教授
2000年－2006年　東洋大学大学院社会学研究科社会福祉学専攻　兼担教授
2001年－2006年　日本女子大学大学院人間社会研究科社会福祉学専攻　非常勤講師
2005年－2006年　明治学院大学社会学部社会福祉学科　非常勤講師
2005年－2006年　淑徳大学総合福祉学部　非常勤講師
2004年－2005年　武蔵野大学現代社会学部　非常勤講師
1995年－1997年　慈恵会医科大学医学部　非常勤講師
1996年－1997年　慈恵第三看護専門学校　非常勤講師
1994年－1996年　大妻女子大学社会情報学部　非常勤講師
1991年－1995年　東洋大学社会学部社会福祉学科　助教授
1992年－1994年　放送大学　非常勤講師
1991年－1992年　明治学院大学社会学部　非常勤講師
1985年－1991年　東京都老人総合研究所社会学部社会福祉研究室 研究員
1990年－1991年　東洋大学社会学部　非常勤講師
1989年－1990年　東京都立大学人文学部　非常勤講師
1989年－1990年　駒澤大学文学部　非常勤講師
1985年－1986年　青森大学社会学部　非常勤講師
1982年－1985年　青森大学社会学部 専任講師
1983年－1985年　弘前大学医療技術短期大学部　非常勤講師
1985年－1985年　弘前大学教育学部　非常勤講師
1974年－1982年　淑徳短期大学社会福祉科 助手
1975年－1982年　淑徳高等保育学校　非常勤講師
1980年－1982年　聖徳短期大学非常勤講師
1973年－1974年　総武病院精神医学ソーシャルワーカー

【書籍・論文】

佐藤豊道（2010）「2009年度学界回顧と展望 ソーシャルワーク部門」『社会福祉学』51(3)，179-186.

樋口明子・村松愛子・久保田純・國吉安紀子・新保祐光・佐藤豊道（2010）「ソーシャルワーカーの成長からみる事例検討会の意義」『ソーシャルワーク研究』36(3)，66-71.

佐藤豊道（2010）「人間：環境：時間：空間の交互作用［4］―視座と活用―」『ソーシャルワーク研究』35(4)，57-62.

佐藤豊道（2009）「人間：環境：時間：空間の交互作用［2，3］―再考「６つの環境」―」『ソーシャルワーク研究』35(3)，67-73.

佐藤豊道（2009）「2008年度学界回顧と展望 ソーシャルワーク部門」『社会福祉学』50(3)，135-146.

佐藤豊道（2009）「ソーシャルワーク実践とアセスメント」，明治学院大学社会学部付属研究所『第22回社会福祉実践家のための臨床理論・技術研修会報告書』，4-31.

樋口明子・村松愛子・久保田純・新保祐光・佐藤豊道（2009）「ソーシャルワーク実践における記録の意義の発見―小児がんの再発例の患児家族とのかかわりを通して―」『ソーシャルワーク研究』35(2)，64-69.

佐藤豊道（2009）「研究テーマの抽出方法と研究計画の設計」『ソーシャルワーク研究』35(2)，17-24.

佐藤豊道（2009）「人間：環境：時間：空間の交互作用［1］―概念の基礎理解―」『ソーシャルワーク研究』35(1)，45-50.

樋口明子・久保田純・渡辺久美子・村松愛子・新保祐光・佐藤豊道（2008）「実践現場におけるソーシャルワーカーの「揺らぎ」」『ソーシャルワーク研究』34(3)，67-74.

佐藤豊道（2008）「エビデンス・ベースト・ソーシャルワーク―成立の過程と意義―」『ソーシャルワーク研究』34(1)，4-23.

佐藤豊道（2007）「ソーシャルワークのアプローチの新しい展開」「カンファレンス」岡田民夫・田端光美・濱野一郎・ほか編『エンサイクロペディア社会福祉学』中央法規出版，668-671，746-749.

佐藤豊道（2007）「アメリカにおけるソーシャルワークの理論と実践―エビデンスベースドの着想と日本への取り込み―」『社会福祉研究』(100)，52-58.

佐藤豊道（2006）「ソーシャルワークの実践的研究法」『社会福祉実践理論研究』15，57-65.

佐藤豊道（2006）「社会福祉実践方法の研究から見えるもの」『社会福祉実践理論研究』15，76-78，80-83.
佐藤豊道（2005）「ケースワークにおける記録―その役割と効果的な活用方法」『更生保護』56(5)，6-11.
佐藤豊道（2004）「社会福祉基礎構造改革とソーシャルワーク機能」『ソーシャルワーク研究』30(3)，4-9.
佐藤豊道（2003）「高年者福祉分野におけるソーシャルワーク：新たな時代状況とパラダイム」『ソーシャルワーク研究』29(3)，14-19.
佐藤豊道（2003）「暴力・虐待とソーシャルワーク」『ソーシャルワーク研究』29(1)，4-9.
佐藤豊道（2003）「社会福祉教育への学際的視野と協働」日本社会事業学校連盟『社会福祉教育年報2003年度版』，32-33，37-39，42-43.
佐藤豊道（2002）「ジェネラリスト・ソーシャルワークが位置づく可能性」『ソーシャルワーク研究』28(2)，25-29，31-32.
佐藤豊道（2002）「口述の生活史研究法」『ソーシャルワーク研究』27(4)，35-40.
佐藤豊道（2002）「１部４章 社会福祉実践研究方法試論」仲村優一・窪田暁子・岡本民夫・太田義弘編『戦後社会福祉の総括と21世紀への展望―４実践方法と援助技術』ドメス出版，83-105.
佐藤豊道（2002）「ジェネラリスト・ソーシャルワークが位置づく可能性」『ソーシャルワーク研究』28(2)，25-29，31-32.
佐藤豊道（2001）『ジェネラリスト・ソーシャルワーク研究―人間：環境：時間：空間の交互作用』川島書店.
佐藤豊道（2001）「ジェネリック・ソーシャルワーク研究序説」【博士論文】東洋大学.
佐藤豊道（2000）「高齢者福祉とソーシャルワーク」『ソーシャルワーク研究』25(4)，294-300.
佐藤豊道（1999）「社会福祉基礎構造改革におけるソーシャルワークの意義と課題」『ソーシャルワーク研究』25(2)，84-90.
佐藤豊道（1999）「11章 ケアマネジメントの意義と方法」古川孝順編『社会福祉21世紀のパラダイム２―方法と技術―』誠信書房，219-239.
佐藤豊道（1998）「ジェネリック・ソーシャルワークの出現の経緯」『ソーシャルワーク研究』24(1)，24-30.
佐藤豊道（1998）「理念の転換と福祉専門職のゆくえ」『福祉広報』475，7.
佐藤豊道（1996）「社会福祉援助技術の歴史的理論展開と新しい枠組み」『社会福祉研

究』(66), 99-106.

佐藤豊道（1996）「社会変動とソーシャルワーク―社会変動におけるソーシャルワークの文献」『ソーシャルワーク研究』22(2), 96-101.

佐藤豊道（1996）「グループスーパービジョンの総括コメント」東京都衛生局医療福祉部医療福祉課『医療ソーシャルワークの解決技法』13, 143-144.

佐藤豊道（1996）「グループスーパービジョンを通した援助実践の検証作業と援助技能の向上に向かって」東京都衛生局医療福祉部医療福祉課『医療ソーシャルワークの解決技法』12, 31-34.

佐藤豊道（1995）「10章 社会福祉学の課題」東洋大学白山社会学会編『日本社会論の再検討』未来社, 268-272.

佐藤豊道（1995）「９章１節１項 前期高齢者と老化」「２項 前期高齢者にとっての家族の意味」205「２節１項 ABCT→X循環モデルと家族危機」「２項 高齢者就業相談所を活用したＡさん」「３項 前期高齢医者の医療・所得・就労の諸相」「３節１項 前期高齢者にとっての自立の課題」「２項 前期高齢者にとっての人と環境の課題」高橋重宏・松本寿昭・佐藤豊道編『人間と家族』中央法規出版, 203-204, 207-209, 209-211, 211-215, 221-222, 222-226.

佐藤豊道（1994）「中国と英国におけるコミュニティ・ソーシャルワーク」『東洋大学社会学部紀要』31(2), 105-114.

佐藤豊道（1994）「ソーシャルワーク理論における『人間：環境：時間』概念の検討」『ソーシャルワーク研究』20(1), 16-24.

佐藤豊道（1994）「あるがままの揺らぎ考」東洋大学井上円了記念学術センター『サティア』16, 7.

佐藤豊道（1994）「ケースマネージメントの実際例とその課題」『医療社会事業』39, 1-8.

佐藤豊道（1993）「コンサルテーションの機能と特徴」『東洋大学社会学部紀要』30(1), 177-192.

佐藤豊道（1993）「グループスーパービジョンを通し学んだこと」東京都衛生局医療福祉部医療福祉課『医療ソーシャルワークの解決技法』10, 33-34.

佐藤豊道（1993）「高齢者の就業相談の基本：高年齢者就業相談所の事例を通じて」東京都高齢者事業振興財団相談課『高齢者の仕事の相談窓口から 相談事例』2, 54-56.

佐藤豊道（1993）「ケースマネージメントとは」『医療社会事業』38, 1-9.

佐藤豊道（1992）「教育相談等の事例研究における方法の研究：ヒューマニステック・

アプローチによるライフドキュメントを中心として」『東洋大学児童相談研究』11, 80-86.

佐藤豊道（1992）「ソーシャルワークにおけるライフ・ヒストリー把握の史的変遷」『ソーシャルワーク研究』18(3), 132-143.

佐藤豊道（1992）「ソーシャルワークの新しい方向の探求—地球規模の環境問題をめぐって」『ソーシャルワーク研究』17(4), 244-250.

佐藤豊道(1992)「ソーシャルワーカーの基本的課題」『千葉県医療社会事業協会会報』31, 8-16.

佐藤豊道（1992）「医療ソーシャルワーカーの課題」『医療社会福祉研究』1(1), 45-49.

佐藤豊道（1992）「ケアワーク過程における記録様式と例示」『実践記録』22, 94-106.

佐藤豊道（1991）「４章 地球環境破壊の現実と蘇生への展望」「５章 高齢化社会と家族の再生」野田茂徳編『文明論の哲学』八千代出版, 133-163, 165-177.

佐藤豊道（1990）「実践記録の文体」『実践記録』20, 105-111.

佐藤豊道（1990）「実践記録研究会の動向と課題：実践者と研究者の交流を通して」『社会福祉研究』49, 90-93.

佐藤豊道（1989）「ソーシャルワークとケアワーク」『ソーシャルワーク研究』15(2), 95-113.

佐藤豊道（1989）「痴呆性老人の特徴と家族介護に関する基礎的分析」『社会老年学』29, 3-15.

佐藤豊道（1989）「実践記録８条件のケアワークへの適用：特別養護老人ホーム痴呆専門棟の場合」『実践記録』19, 115-119.

佐藤豊道（1988）「クライエントとの契約—ソーシャルワーク処遇過程における倫理確保としての手段」『ソーシャルワーク研究』14(2), 82-85.

佐藤豊道（1988）「ソーシャルワーカーの実践と倫理」『ソーシャルワーク研究』14(2), 86-90.

佐藤豊道（1988）「シカゴ地域プログラムに参加して」国際社会福祉協議会日本国委員会『世界の福祉』22, 71-80.

佐藤豊道（1986）「生活の場にふさわしい処遇とは：特別養護老人ホームサービス評価法 その２」東京都養育院管理部企画課『季刊 養育院』741, 14-17.

佐藤豊道（1986）「生活の場にふさわしい処遇とは：特別養護老人ホームサービス評価法 その１」東京都養育院管理部企画課『季刊 養育院』740, 15-18.

佐藤豊道（1986）「ワーカーとクライエントによる協働記録の意義と方法」『実践記録』16, 122-131.

佐藤豊道(1985)「社会福祉実践の生活モデル―生態学的アプローチ」『社会福祉研究』36，13-18.

佐藤豊道（1985）「ソーシャルワークにおける記録の構造と様式―問題志向記録を中心に」『ソーシャルワーク研究』11(2)，91-99.

佐藤豊道（1985）「17章 危機における家族機能」石原邦雄編『家族生活とストレス』垣内出版，388-410.

佐藤豊道（1985）「ソーシャルワークにおける問題志向（POS）記録の試み：医療現場のケース記録を素材として」『青森大学研究紀要』7(3)，55-92.

佐藤豊道（1985）「ケース記録の実際と問題点：医療現場の記録を中心に」『実践記録』15，57-77.

佐藤豊道（1984）「3講 社会福祉方法論の基本的視角」「4講 ソーシャルワークの歴史」「7講 実践の人間理解と価値」「20講 ソーシャルワークの課題」太田義弘・佐藤豊道編『ソーシャルワーク―過程とその展開―』海声社，15-19，20-29，45-51，136-141.

佐藤豊道（1984）「テレビが作るファッション福祉：福祉の現状から」『放送批評』184，48-53.

佐藤豊道（1983）「問題志向記録と実践記録との関係：ソーシャルワーク記録における両志向」『実践記録』13，57-77.

佐藤豊道（1983）「日本社会福祉学会第30回大会をふりかえって」『研究紀要』（青森大学・青森短期大学学術研究）5(2)，81-88.

佐藤豊道(1982)「コミュニティ・ソーシャルワークと社会福祉計画」『ソーシャルワーク研究』11(1)，1.

佐藤豊道（1982）「17章 ソーシャルワークの専門分化と統合化」小沼正編『社会福祉の課題と展望』川島書店，327-348.

佐藤豊道（1982）「社会福祉における『実践』『記録』『実践記録』概念の検討」『淑徳短期大学研究紀要』21，17-33.

佐藤豊道（1982）「『実践記録』再考：小野哲郎教授の疑問に応えて」『実践記録』12，76-93.

佐藤豊道（1981）「実習体験の内実とその効果：『社会福祉実習の効果測定に関する意識調査』をめぐって」『淑徳短期大学研究紀要』20，41-72.

佐藤豊道（1981）「社会福祉教育における実習に関する資料」『ソーシャルワーク研究』7(2)，54-66.

佐藤豊道（1981）「実践・記録・実践記録」『実践記録』11，65-73.

佐藤豊道（1979）「E・Fケースにおける緊張の問題：宗教的傾向の強い精神分裂症患者における臨床事例〈ケース研究その３・後編〉」『淑徳短期大学研究紀要』18, 15-30.

佐藤豊道（1978）「E・Fケースにおける緊張の問題：宗教的傾向の強い精神分裂症患者における臨床事例〈ケース研究その３・前編〉」『淑徳短期大学研究紀要』17, 15-30.

佐藤豊道（1977）「ロンドンにおける母子の緊急避難所」『世界の児童と母性』（資生堂福祉財団）4, 35-37.

佐藤豊道（1977）「人間福祉における家族緊張の問題：前近代的離婚と近代的離婚の比較検討」『淑徳短期大学研究紀要』16, 61-78.

佐藤豊道（1977）「C・Dケースにおける緊張の問題：大学生の精神分裂症患者における臨床事例〈ケース研究・その２〉」『淑徳年報』3, 165-182.

佐藤豊道（1976）「緊張の理論体系への一試論：H. S. サリヴァンの所説にふれて」『淑徳短期大学研究紀要』15, 51-66.

佐藤豊道（1976）「一般システム理論からみた教育と社会：緊張研究の一視覚・序」『東洋大学大学院紀要』12, 53-59.

佐藤豊道（1975）「A・Bケースにおける緊張の問題：中学生の精神神経症患者における臨床事例〈ケース研究その１〉」『淑徳年報』2, 18-25.

佐藤豊道（1975）「人間福祉における緊張の問題：理論的考察を中心に」『淑徳短期大学研究紀要』14, 54-67.

【訳書】

佐藤豊道（2006）「叙述的およびその他の臨床記録」「記録の様式」『ソーシャルワーク記録』〈訳書〉相川書房, 107-135, 137-163.

佐藤豊道（1994）「中国と英国におけるコミュニティ・ソーシャルワーク」〈翻訳〉『東洋大学社会学部紀要』31(2), 105-114.

佐藤豊道（1989）「記録の意義」「記録の論点」『ソーシャルワークの記録』〈訳書〉相川書房.

佐藤豊道（1985）「５章 セルフヘルプの可能性と限界」『セルフヘルプグループの理論と実際―人間としての自立と連帯へのアプローチ―』〈訳書〉川島書店, 139-168.

佐藤豊道・佐藤あや子（1981）『社会福祉のための組織論：ソーシャルワークと組織社会学』〈訳書〉相川書房.

佐藤豊道（1981）「序論」「２部 具体的な組織」「読書案内」『社会福祉のための組織

論―ソーシャルワークと組織社会学―』〈訳書〉相川書房，ix－xvi，89－157，159－163.

【学会発表】

佐藤豊道（2010）「日本の社会福祉実践はどこまでソーシャルワーク化できたか―研究と実践の到達水準を検証し未来像を探る―：ソーシャルワークと理論研究の関係から」日本ソーシャルワーク学会第27回大会.

佐藤豊道（2008）「ソーシャルワーク実践とアセスメント―エビデンス・ベースト。プラクティスとの関連から考える―」第22回社会福祉実践家のための臨床理論・技術研修会［基調講演］明治学院大学社会学部付属研究所主催.

佐藤豊道（2007）「クリティカル・シンキング、エビデンス・ベースド・プラクティス（EBP），ポストモダン・ソーシャルワ―クの方法と課題」東洋大学第３回社会福祉学会.

佐藤豊道（2001）「ジェネラリスト・ソーシャルワークが位置づく可能性」明治学院大学，ソーシャルワーク研究所３回公開シンポジウム.

佐藤豊道（2000）「『人間：環境』『時間』『空間』概念の現象学的考察：エコロジカル・ソーシャルワークの基本概念」日本社会福祉実践理論学会17回大会.

佐藤豊道（1999）「ソーシャルワークの記録」日本社会福祉実践理論学会16回大会.

佐藤豊道（1992）「エコロジカル・ソーシャルワークの理論と応用」明治学院大学社会学部付属研究所主催.

佐藤豊道（1992）「社会福祉援助技術演習の教授方法について：特に事例教材の扱い，取り上げ方を巡って」日本社会福祉実践理論学会８回大会.

佐藤豊道（1991）「社会福祉援助技術（ソーシャルワーク）における介護福祉援助技術（ケアワーク）の位置づけ」日本社会福祉学会39回大会.

佐藤豊道（1989）「老人介護業務に必要な技能とその自己評価法に関する研究１：特別養護老人ホームの寮母業務を中心に〈共同〉日本老年社会科学会31回大会.

佐藤豊道（1989）「老人介護業務に必要な技能とその自己評価法に関する研究２：特別養護老人ホームの寮母業務を中心に」〈共同〉日本老年社会科学会31回大会.

佐藤豊道（1989）「痴呆性老人に対するケアワークの処遇実態と課題：施設処遇の実態把握全国調査から」〈共同〉日本老年社会科学会31回大会.

佐藤豊道（1989）「社会福祉教育の課題と展望：ソーシャルワーク教育の求心力と遠心力の統合を求めて」東洋大学大学院社会学・社会福祉学共同セミナー第17回大会.

佐藤豊道（1989）「Classification of Difficulties in Family Care of the Demented

Elderly」〈共同報告〉The World Congress of Gerontology the 14 th Meeting of the International Association of Gerontology [At: Acapulco, Mexico International Center].

佐藤豊道（1989）「ソーシャルワークにおける「社会福祉援助技術」の理論構築に向けて：社会福祉実践の生活モデル―生態学的アプローチ」日本社会福祉実践理論学会6回大会.

佐藤豊道（1988）「痴呆性老人の家族介護に伴う客観的困難の類型化に関する研究」〈共同〉日本社会福祉学会36回大会.

佐藤豊道（1988）「Japan-U. S. Cross-Natioanl Study on the Attitudes of Workers toward Their Work with the Aged(WWA) in Nursing Homes(NH)」〈共同報告〉At: Royal Orchid Hotel in Bangkok, Thailand [International Association of gerontology Asia/Oceania Region: Third Regional Congress; Session of Institutional Services].

佐藤豊道（1987）「痴呆性老人の家族介護に関する研究：主介護者の負担感の要因分析」〈共同〉日本老年社会科学会29回大会.

佐藤豊道（1987）「痴呆性老人の家族介護に関する研究２：適切な家族介護に影響を与える態度」〈共同〉日本社会福祉学会35回大会.

佐藤豊道（1986）「老人ホーム職員の態度に関する日米比較１：老人援助に対する態度の構造分析」〈共同〉日本老年社会科学会28回大会.

佐藤豊道（1986）「老人ホーム職員の態度に関する日米比較２：老人援助に対する態度の要因分析」〈共同〉日本老年社会科学会28回大会.

佐藤豊道（1982）「考察「社会福祉のための組織論」」東北社会福祉合同セミナー実行委員会主催，第16回東北社会福祉合同セミナー.

佐藤豊道（1981）「実践記録の試み／その３　概念を中心に：実践・記録・実践記録概念の検討」日本社会福祉学会29回大会.

佐藤豊道（1980）「社会福祉教育における「社会福祉実習」の現状と課題／その２　実習体験の内実とその効果：社会福祉実習の効果測定に関する意識調査をめぐって」日本社会福祉学会28回大会.

佐藤豊道（1979）「精神分裂病者の『生活状況』とソーシャルワーク」日本社会福祉学会27回大会.

佐藤豊道（1979）「精神障害者と家族的背景」日本社会学会51回大会.

佐藤豊道（1978）「治療病棟における精神分裂病者に対する福祉的処遇」日本社会福祉学会26回大会.

佐藤豊道（1975）「ケースワークにおける初回面接の重要性と対処の方法」日本社会福祉学会23回大会.

佐藤豊道（1975）「一般システム理論からみた教育と社会のモデル：system tension を中心に」日本教育社会学会27回大会.

佐藤豊道（1974）「青年の主体性援助のためのワーカーのあり方」〈共同報告〉日本社会福祉学会22回大会.

佐藤豊道（1972）「ファミリー・ケースワークにおける主体性の問題」〈共同報告〉日本社会福祉学会20会大会.

【テキスト・教材】

佐藤豊道（2015）「第２章 ソーシャルワーカーに必要な基礎技術」白澤政和・福富昌城・牧里毎治・宮城孝編著『相談援助演習』ミネルヴァ書房，21-40.

佐藤豊道（2015）「第10章 相談援助のための介入の技術」社会福祉士養成講座編集委員会編『相談援助の理論と方法Ⅰ』（第３版）中央法規出版，205-221.

佐藤豊道（2013）「記録における情報の共有化」『介護のしごとの基礎』中央法規出版.

佐藤豊道（2010）「５章 専門職倫理と倫理的ジレンマ」大橋謙策・白澤政和・米本秀仁編『相談援助の基盤と専門職』ミネルヴァ書房，125-147.

佐藤豊道（2010）「１部２章 相談援助の基本概念」社会福祉学習双書編集委員会編『社会福祉援助技術論Ⅰ 相談援助の基盤と専門職・就労支援サービス』（改訂１版）全国社会福祉協議会，15-37.

佐藤豊道（2010）「１章 相談援助活動の理論の発展」社会福祉学習双書編集委員会編『社会福祉援助技術論Ⅱ 相談援助の理論と方法』（改訂１版）全国社会福祉協議会，1-30.

佐藤豊道（2010）「10章 相談援助のための介入の技術」社会福祉士養成講座編集委員会編『相談援助の理論と方法Ⅰ』（２版）中央法規出版，199-215.

佐藤豊道（2010）「３章 研究テーマの抽出方法と研究計画の設計」北川清一・佐藤豊道編『ソーシャルワークの研究方法―実践の科学化と理論化を目指して―』相川書房，37-57.

佐藤豊道（2009）「10章 相談援助のための介入の技術」社会福祉士養成講座編集委員会編『相談援助の理論と方法Ⅰ』中央法規出版，195-211.

佐藤豊道（2009）「１部２章 相談援助の基本概念」社会福祉学習双書編集委員会編『社会福祉援助技術論Ⅰ 相談援助の基盤と専門職・就労支援サービス』全国社会福祉協議会，15-37.

佐藤豊道（2009）「１章 相談援助活動の理論の発展」社会福祉学習双書編集委員会編『社会福祉援助技術論Ⅱ 相談援助の理論と方法』全国社会福祉協議会，1-30.

佐藤豊道（2009）「４章２節 記録」介護福祉士養成講座編集委員会編『コミュニケーション技術』中央法規出版，183-205.

佐藤豊道（2007）「２章６節１項 援助対象児（者）虐待世帯」「４項 過剰要求世帯・サービス拒否事例」「ホームヘルパーへの過剰な身体接触」ホームヘルパー養成委研修テキスト作成委員会編『介護の展開と技術の向上』長寿社会開発センター，221-228，241-248，256-265.

佐藤豊道（2007）「２章 社会福祉実践の基礎」北島英治・白澤政和・米本秀仁編『社会福祉援助技術論』（上）ミネルヴァ書房，47-72.

佐藤豊道（2007）「４章２節 社会福祉援助活動の方法」「６章１節 社会福祉援助活動の担い手」「３節 保健・医療等関連分野の専門職との連携」「４節 社会福祉援助活動における専門性と倫理」新版・社会福祉学習双書編集委員会編『社会福祉概論』（改訂６版）全国社会福祉協議会，165-179，246-257，268-272，273-279.

佐藤豊道（2007）「２章 ソーシャルワーカーとしての自己理解・自己覚知」黒木保博・白澤政和・牧里毎治編『社会福祉援助技術演習』ミネルヴァ書房，29-48.

佐藤豊道（2007）「ネットワーク」「ケースワーク」日本在宅ケア学会編『在宅ケア事典』中央法規出版，128-129，390-391.

佐藤豊道（2006）「11章１節 精神障害者を対象とした個別援助技術（ケースワーク）」「12章１節 面接相談事例と演習課題 」岡上和雄・京極高宣・高橋一・寺谷隆子編『精神保健福祉士の基礎知識・下』（３訂版）中央法規出版，113-120，157-161.

佐藤豊道（2006）「５章２節 社会福祉援助の方法」福祉士養成講座編集委員会編『社会福祉原論』（新版４版）中央法規出版，157-169.

佐藤豊道（2004）「１章 介護福祉士と社会福祉援助技術」佐藤豊道編『新版 社会福祉援助技術』建帛社，1-36.

佐藤豊道（2004）「１章 社会福祉援助技術の体系と関連性」「２章 ケースワーク（個別援助技術）の理論と技術」「13章 社会福祉援助技術の展望と課題」久保紘章・佐藤豊道・川廷宗之編『社会福祉援助技術論』（下）川島書店，1-6；久保・佐藤，7-49；佐藤，297-301；久保・佐藤.

佐藤豊道（2004）「１章 社会福祉と社会福祉援助活動」「３章 社会福祉サービスを提供する人」久保紘章・佐藤豊道・川廷宗之編『社会福祉援助技術論』（上）川島書店，1-15，49-64.

佐藤豊道（2004）「援助対象児（者）虐待世帯、過剰要求世帯、ホームヘルパーへの過剰な身体接触」ホームヘルパー養成委研修テキスト作成委員会編『介護技術の展開と実際』（2004年改訂版）長寿社会開発センター.

佐藤豊道（2004）「4章2節 社会福祉援助活動の方法」「6章1節 社会福祉援助活動の担い手」「3節 保健・医療等関連分野の専門職との連携」「4節 社会福祉援助活動における専門性と倫理」新版・社会福祉学習双書編集委員会編『社会福祉概論』（改訂3版）全国社会福祉協議会，180-174，240-250，261-265，266-271.

佐藤豊道（2004）日本社会福祉実践理論学会編『新版 社会福祉実践基本用語辞典』川島書店，編集協力者・執筆協力者.

佐藤豊道（2004）「社会福祉援助技術の理論と技術」演習教育の課題日本社会福祉士養成校協会関東甲信越ブロック主催，第2回社会福祉士養成教育セミナー；「社会福祉援助技術教育の全体像を考える＝社会福祉援助技術演習の授業を中心に］，5-6.

佐藤豊道（2004）「ケアマネジャー」『記録とは何か』中央法規出版，6(5)，12-14.

佐藤豊道（2003）「アセスメント」「インターベンション」「エコマップ」「エコロジカル・ソーシャルワーク」「援助計画」「ジェネリック・ソーシャルワーク」「スペシフィック・ソーシャルワーク」「ソーシャルワーク実践アプローチ」「ソーシャルワークの共通基盤」「ソーシャルワーク倫理」硯川真旬監修『文庫版 国民福祉辞典』金芳堂.

佐藤豊道（2003）「2章 ソーシャルワーカーとしての自己理解・自己覚知」黒木保博・白澤政和・牧里毎治編『社会福祉援助技術演習』ミネルヴァ書房，29-48.

佐藤豊道（2003）「援助対象（児）者虐待世帯、過剰要求世帯、ホームヘルパーへの過剰な身体接触」ホームヘルパー養成委研修テキスト作成委員会編『介護技術の展開と実際』（2003年改訂版）長寿社会開発センター.

佐藤豊道（2003）「4章2節 社会福祉援助活動の方法」「6章1節 社会福祉援助活動の担い手」「3節 保健・医療等関連分野の専門職との連携」「4節 社会福祉援助活動における専門性と倫理」新版・社会福祉学習双書編集委員会編『社会福祉概論』（改訂2版）全国社会福祉協議会，158-172，238-248，259-263，264-269.

佐藤豊道（2003）「5章3節 社会学と社会福祉―生活支援と福祉のあり方」小林修一編『社会学』建帛社，222-234.

佐藤豊道（2003）「4章2節 個別援助技術の基本原理・原則」福祉士養成講座編集委員会編『社会福祉援助技術』（新版第2版）中央法規出版，117-124.

佐藤豊道（2003）「5章2節 社会福祉援助の方法」福祉士養成講座編集委員会編『社会福祉原論』（新版第2版）中央法規出版，53-165.

佐藤豊道（2003）「社会福祉サービスと社会福祉援助活動の関係」「社会福祉援助活動の基本的枠組み」「社会福祉援助技術の基本原理・原則」福祉士養成講座編集委員会編『社会福祉援助技術論１』（新版第２版）中央法規出版.

佐藤豊道（2002）「社会福祉実践の基礎」北島英治・白澤政和・米本秀仁編『社会福祉援助技術論』（上）ミネルヴァ書房，47-72.

佐藤豊道（2002）「15講 教育計画の作成法」「23講外部講師導入の教育法」「24講 他者理解と自己理解の教育法」硯川眞旬・佐藤豊道・柿本誠編『福祉教科教育法』ミネルヴァ書房，114-123，201-210，211-220.

佐藤豊道（2002）「援助対象児（者）虐待世帯、過剰要求世帯、ホームヘルパーへの過剰な身体接触」ホームヘルパー養成委研修テキスト作成委員会編『介護技術の展開と実際』（2002年改訂版）長寿社会開発センター.

佐藤豊道（2002）「４章２節 社会福祉援助活動の方法」「６章１節 社会福祉援助活動の担い手」「３節 保健・医療等関連分野の専門職との連携」「４節 社会福祉援助活動における専門性と倫理」新版・社会福祉学習双書編集委員会編『社会福祉概論』（改訂１版）全国社会福祉協議会，157-171，236-246，257-261，262-267.

佐藤豊道（2001）「１章 介護福祉の概念と枠組み」「４章 介護福祉の専門性と専門職」「５章 介護福祉サービス利用者の理解」古川孝順・佐藤豊道編『介護福祉』（改訂版）有斐閣，27-43，81-96，97-108.

佐藤豊道（2001）「２章６節１項 援助対象児（者）虐待世帯」「４項 過剰要求世帯１-２」「５項 ホームヘルパーへの過剰な身体接触」ホームヘルパー養成委研修テキスト作成委員会編『介護技術の展開と実際』（2001年改訂版）長寿社会開発センター，227-235，250-257，266-276.

佐藤豊道（2001）「６章１節 在宅ケアとケアマネジメント」山下袈裟男編『在宅ケア論―地域で暮らすための居宅支援システムの構築と展開―』みらい，193-210.

佐藤豊道（2001）「６章１節 社会福祉援助活動の担い手」「３節 保健・医療等関連分野の専門職との連携」「４節 社会福祉援助活動における専門性と倫理」新版・社会福祉学習双書編集委員会編『社会福祉概論』全国社会福祉協議会，224-234，245-249，250-255.

佐藤豊道（2001）「６章１節 社会福祉援助技術の基本原理・原則」福祉士養成講座編集委員会編『社会福祉援助技術論１』（新版）中央法規出版，182-192.

佐藤豊道（2001）「４章２節 個別援助技術の基本原理・原則」福祉士養成講座編集委員会編『社会福祉援助技術』（新版）中央法規出版，117-124.

佐藤豊道（2000）「11章１節 精神障害者を対象とした個別援助技術」「12章１節 面接

相談事例と演習課題」岡上和雄・京極高宣・新保祐元・寺谷隆子編『精神保健福祉士の基礎知識・下』（改訂版）中央法規出版，119-126，161-165.

佐藤豊道（2000）「2章6節1項 援助対象児（者）虐待世帯」「4項 過剰要求世帯」「5項 ホームヘルパーへの過剰な身体接触」ホームヘルパー養成委研修テキスト作成委員会編『介護技術の展開と実際』（2000年改訂版）長寿社会開発センター，227-235，250-257，266-276.

佐藤豊道（2000）「1章 社会福祉援助技術と介護福祉士」「2章 社会福祉援助技術の基本的枠組み」「3章 個別援助技術の意義・機能・構成要素」「15章 その他の間接援助技術とその他の関連援助技術」根本博司・佐藤豊道編『社会福祉援助技術』（四訂版）建帛社，1-19，21-40，41-58，257-274.

佐藤豊道（2000）「4章1節 社会福祉援助活動の担い手」「3節 保健・医療等関連分野の専門職との連携」「4節 社会福祉援助活動における専門性と倫理」新・社会福祉学習双書編集委員会編『社会福祉概論1』（改訂第3版）全国社会福祉協議会，144-153，164-168，169-174.

佐藤豊道（2000）「4章3節 個別援助技術の基本原理・原則」福祉士養成講座編集委員会編『社会福祉援助技術』（三訂第3版）中央法規出版，83-91.

佐藤豊道（1999）「9章 記録の方法」社会白澤政和・尾崎新・芝野松次郎編『援助方法』有斐閣，175-191.

佐藤豊道（1999）「3章6節1項 援助対象者虐待世帯」「2項 過剰要求世帯」「3項 ホームヘルパーへの過剰な身体接触」「高齢期のセクシュアリティ」ホームヘルパー養成委研修テキスト作成委員会編『介護技術の展開と実際』（1999年改訂版）長寿社会開発センター，205-212，212-220，220-227，249-252.

佐藤豊道（1999）「1章 直接援助技術の性格と内容」「2章 直接援助技術の基本原理・原則」福祉士養成講座編集委員会編『社会福祉援助技術各論1』（三訂版）中央法規出版，1-15，17-31.

佐藤豊道（1999）「4章1節 社会福祉援助活動の担い手」「3節 保健・医療等関連分野の専門職との連携」「4節 社会福祉援助活動における専門性と倫理」新・社会福祉学習双書編集委員会編『社会福祉概論1』（改訂2版）全国社会福祉協議会，144-153，164-168，169-174.

佐藤豊道（1999）「介護福祉士」「グループワーク」「日本ソーシャルワーカー協会」庄司洋子ほか編『福祉社会事典』弘文堂.

佐藤豊道（1998）「11章1節 精神障害者を対象とした個別援助技術」「12章1節 面接相談事例と演習課題」岡上和雄・新保祐元・寺谷隆子編『精神保健福祉士の基礎知

識・下』中央法規出版, 117-124, 159-163.

佐藤豊道(1998)「3章6節1項 援助対象者虐待世帯」「2項 過剰要求世帯」「3項 ホームヘルパーへの過剰な身体接触」ホームヘルパー養成委研修テキスト作成委員会編『介護技術の展開と実際』(1998年改訂版)長寿社会開発センター, 205-212, 212-220, 220-227.

佐藤豊道(1998)『介護福祉のための記録15講』中央法規出版.

佐藤豊道(1998)「1章1節 ソーシャルワークにおけるケースワークの位置」「2章 ケースワークの原理と原則」「7章1節 ケースワーク実習」「3節 ケース研究」久保紘章・高橋重宏・佐藤豊道編『ケースワーク』川島書店, 2-12, 23-32, 187-192, 201-209.

佐藤豊道(1998)「4章1節 社会福祉援助活動の担い手」「3節 保健・医療等関連分野の専門職との連携」「4節 社会福祉援助活動における専門性と倫理」新・社会福祉学習双書編集委員会編『社会福祉概論Ⅰ』(改訂1版)全国社会福祉協議会, 138-147, 157-161, 162-167.

佐藤豊道(1998)「介護場面における記録の在り方」『おはよう21』887, 34-35.

佐藤豊道(1997)「3章6節1項 援助対象者虐待世帯」「2項 過剰要求世帯」「3項 ホームヘルパーへの過剰な身体接触」ホームヘルパー養成委研修テキスト作成委員会編『介護技術の展開と実際』(1997年改訂版)長寿社会開発センター, 205-212, 212-220, 220-227.

佐藤豊道(1997)「7章1節 社会福祉援助技術」「2節 ケースワーク」浅野仁・西下彰俊編『老人福祉論』(改訂版)川島書店, 183-191, 192-198.

佐藤豊道(1997)「4章1節 社会福祉援助活動の担い手」「3節 保健・医療等関連分野の専門職との連携」「4節 社会福祉援助活動における専門性と倫理」新・社会福祉学習双書編集委員会編『社会福祉概論Ⅰ』全国社会福祉協議会, 138-147, 157-161, 162-167.

佐藤豊道(1997)「1章 社会福祉援助技術と介護福祉士」「2章 社会福祉援助技術の基本的枠組み」「3章 個別援助技術の意義・機能・構成要素」「15章 その他の間接援助技術とその他の関連援助技術」根本博司編『社会福祉援助技術』(三訂版)建帛社, 3-18, 19-38, 41-58, 255-272.

佐藤豊道(1997)「4章3節 個別援助技術の基本原理・原則」福祉士養成講座編集委員会編『社会福祉援助技術』(三訂版)中央法規出版, 83-91.

佐藤豊道(1997)「4章 個別援助技術の基本原理・原則」福祉士養成講座編集委員会編『社会福祉援助技術各論Ⅰ』(第2版)中央法規出版, 72-89.

佐藤豊道(1997)「３章６節１項 援助対象者虐待世帯」「２項 過剰要求世帯」「３項 ホームヘルパーへの過剰な身体接触」ホームヘルパー養成研修テキスト作成委員会編『介護技術の展開と実際』(1996年改訂版) 長寿社会開発センター，205－212，212－220，220-227.

佐藤豊道（1997）「インセンティブ・システム」「生活課題」「ウエップ夫妻」「役務提供」「ＮＧＯ」「エンゲル係数」「オーエン」「岡村重夫」「結果の平等」「公共の福祉」「公私関係」「公私協働の原則」「公私分離原則」「公私ミックス論」「構造的失業」などを含む61項目古川孝順ほか編『社会福祉士 介護福祉士のための用語集』誠信書房.

佐藤豊道（1996）「１章 介護福祉の概念と枠組み」「４章 介護福祉の専門性と専門職」「５章 介護福祉サービス利用者の理解」古川孝順・佐藤豊道・奥田いさよ編『介護福祉』有斐閣，27-43，79-94，95-106.

佐藤豊道（1996）「10章 記録と事例検討」福祉士養成講座編集委員会編『介護技術』（第２版）中央法規出版，377-401.

佐藤豊道（1996）「７章 評価と記録」福祉士養成講座編集委員会編『介護概論』（第２版）中央法規出版，237-253.

佐藤豊道（1996）「３章12節 記録の技法１；フォーマットに記録化する」「13節 記録の技法２；叙述体・要約体・説明体を書く」久保紘章編『社会福祉援助技術演習』相川書房，101-111，112-124.

佐藤豊道（1996）「高齢化社会」「高齢者問題」「生態学」日本社会福祉実践理論学会編集『社会福祉基本用語辞典』川島書店.

佐藤豊道(1995)「３章６節１項 援助対象者虐待世帯」「２項 過剰要求世帯」「３項 ホームヘルパーへの過剰な身体接触」ホームヘルパー養成委研修テキスト作成委員会編『介護技術の展開と実際』長寿社会開発センター，205-212，212-220，220-227.

佐藤豊道（1994）「７章２節 福祉の立場から見た援助技術」日本保健福祉学会編『保健福祉学概論』川島書店，176-186.

佐藤豊道（1994）「ケース事例報告書の作り方」『介護福祉』14，4社会福祉振興・試験センター.

佐藤豊道（1994）「介護記録のとり方」『介護福祉』13，11－14．社会福祉振興・試験センター.

佐藤豊道（1993）「１章１節 障害福祉の変遷」「２章４節 精神障害者の障害福祉施策」高山忠雄・黒沢貞夫編『障害者福祉論』相川書房，3-10，57-60.

佐藤豊道（1993）「ジェネラリスト（アプローチ）」「介入」「インターベンション」

日本社会福祉実践理論学会編集『社会福祉実践基本用語辞典（改訂版）』川島書店.

佐藤豊道（1993）「福祉臨床学」「施設管理人」小田兼三ほか編『現代福祉学レキシコン』雄山閣出版.

佐藤豊道（1993）「在宅の福祉ケア」寺ノ門栄責任編集『日本福祉年鑑'93』講談社.

佐藤豊道(1993)「ケースワークの基礎知識」品川区福祉部保護課研修担当刊，全48頁.

佐藤豊道（1992）「8章 高齢者福祉の専門職とその連携」「9章1節 社会福祉援助技術の体系・基本的枠組み・援助原理」「9章2節 ライフモデルに基づく高齢者ソーシャルワーク」「9章4節 高齢者のケアワーク」「9章6節 高齢者のレクリエーションワーク」「9章9節 高齢者福祉における援助活動の方向と課題」「12章 21世紀へのわが国の高齢者福祉」松本寿昭・佐藤豊道編『高齢者福祉論』相川書房，151-168，169-179，180-187，195-200，205-211，220-225，259-265.

佐藤豊道（1992）「4章3節 個別援助技術の基本原理・原則」福祉士養成講座編集委員会編『社会福祉援助技術』（改訂版）中央法規出版，129-140.

佐藤豊道（1992）「7章1節 社会福祉援助技術」「7章2節 ケースワーク」浅野仁・西下彰俊編『老人福祉論』川島書店，166-173，174-180.

佐藤豊道（1992）「7章 評価と記録」福祉士養成講座編集委員会編『介護概論』（改訂版）中央法規出版，237-253.

佐藤豊道（1992）「4章 個別援助技術の基本原理・原則」福祉士養成講座編集委員会編『社会福祉援助技術各論1』（改訂版）中央法規出版，71-89.

佐藤豊道（1992）「10章 記録と事例検討」福祉士養成講座編集委員会編『介護技術』（改訂版）中央法規出版，377-401.

佐藤豊道（1992）「漏れなく要領よく書ける、介護記録用紙の提案」『おはよう21』3(2)，44-49. 中央法規出版.

佐藤豊道（1992）「漏れなく要領よく書ける、介護記録用紙の提案」『おはよう21』2(6)，19-39. 中央法規出版.

佐藤豊道(1992)「介護における記録と日誌：ケアワーク過程における評価の記録様式」『おはよう21』2(5)，84-88. 中央法規出版.

佐藤豊道(1992)「介護における記録と日誌：ケアワーク過程における実施の記録様式」『おはよう21』2(4)，84-88. 中央法規出版.

佐藤豊道（1991）「高齢者福祉の援助技術1その原理について」「高齢者福祉の援助技術2その実際について」山下袈裟男編『高齢者の福祉』放送大学教育振興会，175-185，186-196.

佐藤豊道（1991）「老人の福祉」寺ノ門栄責任編集『日本福祉年鑑'91』講談社.

佐藤豊道（1991）「介護における記録と日誌：ケアワーク過程における介護計画の記録様式」『おはよう21』2(3)，70-74．中央法規出版．

佐藤豊道（1991）「介護における記録と日誌：ケアワーク過程におけるアセスメントの記録様式」『おはよう21』2(2)，74-78．中央法規出版．

佐藤豊道（1991）「介護における記録と日誌：記録のポイントとチェック表」『おはよう21』2(1)，28-31．中央法規出版．

佐藤豊道（1991）「介護における記録と日誌：ホームヘルプ記録様式の改定の試み」『おはよう21』4，28-32．中央法規出版．

佐藤豊道（1991）「介護における記録と日誌：ホームヘルプ記録の様式と記録の実際」『おはよう21』3，60-64．中央法規出版．

佐藤豊道（1991）「地域に根ざし、地域に生きる」〈視聴覚教材・ビデオ〉東京都民生委員連合会〈企画〉，視聴覚教材製作企画委員会〈共同〉，東洋ビデオ〈製作〉．

佐藤豊道（1990）「２章 社会福祉専門職と専門援助技術」岡本民夫編『社会福祉援助技術総論』川島書店，17-33．

佐藤豊道（1990）「１部１章 社会福祉援助技術と介護福祉士」「２章 社会福祉援助技術の基本的枠組み」「２部３章 個別援助技術の意義・機能・構成要素」「４部15章 その他の間接援助技術とその他の技術」根本博司編『社会福祉援助技術』建帛社，3-16，17-36，37-53，253-269．

佐藤豊道（1990）「１部４章 介護における個人援助とグループ指導」硯川眞旬・野々宮徹・山崎旭男編『介護福祉におけるレクリエーション指導の実際』中央法規出版，24-30．

佐藤豊道（1990）「アグレッシブ・ケースワーク」「開発的社会福祉」「ジェネリック・ケースワーク」「スペシフィック・ケースワーク」「タフト」「力動的診断」「リーチアウト・ケースワーク」國分康孝編『カウンセリング辞典』誠信書房．

佐藤豊道（1990）「介護における記録と日誌：条件設定による介護記録の試み」『おはよう21』2，115-119．中央法規出版．

佐藤豊道（1990）「介護における記録と日誌：実際的な記録の書き方」『おはよう21』1，110-117．中央法規出版．

佐藤豊道（1990）「介護における記録と日誌：記録の基本的な文体」『おはよう21』Ready2，33-40．中央法規出版．

佐藤豊道（1989）「アセスメント」「エバリュエーション」「介護指導」「介護におけるコミュニケーションの技術」「家政婦」「行動科学」「処遇目標」『社会福祉実践基本用語辞典』日本社会福祉実践理論学会編集，川島書店．

佐藤豊道（1989）「3章 社会福祉の歩み」松本寿昭・高橋重宏編『現代の社会福祉』家政教育社，25-46.

佐藤豊道（1989）「5章3節 記録と情報の共有化の技法」福祉士養成講座編集委員会編『介護概論』法規出版，131-138.

佐藤豊道（1989）「介護における記録と日誌：書くことのたいせつさ」『おはよう21』Ready1，72-76. 中央法規出版.

佐藤豊道（1988）「9章 記録と事例検討」福祉士養成講座編集委員会編『介護技術』中央法規出版，218-235.

佐藤豊道（1988）「エコロジー」「生活障害」「地域格差」平山宗宏ほか編『現代子ども大百科』中央法規出版.

佐藤豊道（1988）「老人福祉・現状と問題点」寺ノ門栄責任編集『日本福祉年鑑』（1988年版）日本福祉年鑑編纂委員会.

佐藤豊道（1987）「9章 社会問題と社会福祉」高尾公矢・橋爪敏編『社会学の基礎』（増補改訂版）犀書房，173-195.

佐藤豊道（1986）「3部10章 野外教育におけるケースワークの展開」石田裕一朗・斉藤保夫編『現代野外教育概論』海声社，128-137.

佐藤豊道（1985）「1部4章2節 社会福祉実習と教育効果」「5章1節 ソーシャルワーカーの所属組織の意義と課題」大島侑編『社会福祉実習教育論』海声社，95-106, 107-113.

佐藤豊道（1985）「14章 心身障害福祉の方法と地域社会活動」吉田辰雄・原田信一編『心身障害児（者）の心理・教育・福祉』文化書房博文社，287-308.

佐藤豊道（1985）「育成医療」「ケースワーク」「事故」「事故賠償」「精神医学ソーシャルワーク」「ソーシャルワーク」「措置」「母子休養ホーム」「療育手帳」伊藤隆二編『乳幼児発達事典』岩崎学術出版.

佐藤豊道（1984）「5部 社会福祉の方法」「6部 社会福祉の将来」原田信一・北村圭文・春見静子・西原雄次郎・佐藤豊道『新しい社会福祉の理論』高文堂出版社，177-220, 221-236.

佐藤豊道（1982）「6章2節 家族の福祉機能」「資料編」田村健二・坪上宏・浜田晋・岡上和雄編『精神障害者福祉』相川書房，167-190, 537-743.

佐藤豊道（1982）「5章 児童福祉とソーシャルワーク」「6章4節 精神衛生と児童福祉」高橋重宏・坂田澄・渡部治編『児童福祉』八千代出版，115-134, 115-134.

佐藤豊道（1982）「8章 社会問題と社会福祉」高尾公矢・橋爪敏編『社会学の基礎』犀書房，131-153.

佐藤豊道（1982）「今井時郎」「堺利彦」「谷山恵林」伊藤友信編『近代日本哲学思想家辞典』東京書籍，64，259-260，354.

佐藤豊道（1981）「1部2章2節 社会福祉施設」「2部2章5節 実習後の課題」「2章6節 評価」「3章2節 研究体制」原田信一・市瀬幸平・橋本泰子編『社会福祉実習』相川書房，43-64，138-152，152-160，170-177.

佐藤豊道（1978）「2章 ソーシャル・ケースワーク」吉田宏岳編『保育・養護における社会福祉の方法』相川書房，19-80.

【調査報告書】

佐藤豊道（1997）「地域福祉について（地域コーディネーターの役割と地域福祉計画に関する調査報告書）」東洋大学社会学研究所，31-75.

浦安市（1993）『浦安市高齢化社会対策に関する調査／検討調査報告』.

佐藤豊道（1987）「老人福祉のまちづくり実態調査研究報告」福島県梁川町・青森県天間林村・岩手県衣川村・福島県鏡石町，老人福祉開発センター.

佐藤豊道（1988）「精神症状と問題行動」『東京都養育院利用者実態調査報告書／老人ホーム編』〈昭和61年度〉東京都養育院.

佐藤豊道（1992）『浦安市高齢化社会対策に関する調査／基礎調査報告』〈共著〉浦安市.

佐藤豊道（1994）『市民参加による福祉のまちづくり計画／地域福祉活動計画報告書』〈共著〉小金井市社会福祉協議会.

【コラム・巻頭言】

佐藤豊道（2005）「わが師を語る 久保紘章先生」『ソーシャルワーク研究』31(3)，66-69.

佐藤豊道（2005）「ソーシャルワークとはソーシャルワーカーが行ったもの？」〈巻頭言〉『ソーシャルワーク研究』31(1)，1.

佐藤豊道（2003）「時代状況を考える」〈巻頭言〉『ソーシャルワーク研究』29(1)，1.

佐藤豊道（2002）「ソーシャルワークの根底に弱さの視点をもつ意義」〈巻頭言〉『ソーシャルワーク研究』28(2)，1.

佐藤豊道（2002）「ソーシャルワーカーと大学院：現代版「学問のすすめ」」〈巻頭言〉『東京ソーシャルワーカー通信』（東京ソーシャルワーカー協会）31，1.

佐藤豊道（2001）「21世紀の情報縁の行方」〈巻頭言〉『ソーシャルワーク研究』27(2)，1.

佐藤豊道（1999）「ソーシャルワーク・テキスト考」〈巻頭言〉『ソーシャルワーク研

究』25(1)，1.
佐藤豊道（1998)「考察・時代状況下のソーシャルワーク」〈巻頭言〉『ソーシャルワーク研究』24(3)，1.
佐藤豊道（1997)「ソーシャルワークにおける情報公開とプライバシー問題」〈巻頭言〉『ソーシャルワーク研究』23(1)，1.
佐藤豊道（1995)「ソーシャルワークにおけるアセスメント」〈巻頭言〉『ソーシャルワーク研究』20(4)，1.
佐藤豊道（1994)「田村健二・満喜枝先生の薫陶の思い出」『田村健二・満喜枝先生との出会い』（四水会)129-131.
佐藤豊道（1990)「ソーシャルワークの基本的枠組みについて」〈巻頭言〉『ソーシャルワーク研究』16(2)，1.
佐藤豊道（1989)「社会福祉教育における国家資格のインパクト」〈巻頭言〉『ソーシャルワーク研究』15(3)，1.
佐藤豊道（1986)「「記録」のゆくえ」〈巻頭言〉『ソーシャルワーク研究』12(2)，1.
佐藤豊道（1986)「小沼正先生を偲んで：小沼先生を偲ぶ」(小沼正先生追悼集刊行会).
佐藤豊道（1985)「倫理綱領制定のために：意見」『日本ソーシャルワーカー協会会報』(日本ソーシャルワーカー協会)6，19-22.
佐藤豊道（1982)「ソーシャルワークと社会福祉行政」〈巻頭言〉『ソーシャルワーク研究』8(2)，1.

【短評・書評・抄訳】

佐藤豊道（2008)「ソーシャルワーク感覚」〈短評〉『ソーシャルワーク研究』34(3)，92.
佐藤豊道（2005)「いのちの地域ケア」〈短評〉『ソーシャルワーク研究』31(3)，80.
佐藤豊道（2005)「ソーシャルワークとは何か」〈短評〉『ソーシャルワーク研究』31(1)，84.
佐藤豊道（2004)「スクールソーシャルワーク」〈短評〉『ソーシャルワーク研究』30(1)，73.
佐藤豊道（2003)「社会福祉援助技術演習ワークブック」〈短評〉『ソーシャルワーク研究』29(2)，79.
佐藤豊道（2002)「社会福祉の援助観」〈短評〉『社会福祉研究』83，139.
佐藤豊道(2001)「ソーシャルワーク・アセスメント」〈短評〉『ソーシャルワーク研究』27(3)，95.
佐藤豊道（2001)「ソーシャルワーク理論を学ぶ人のために」〈短評〉『ソーシャルワー

ク研究』27(3)，95.

佐藤豊道（2001）「人間行動と社会環境」〈短評〉『ソーシャルワーク研究』27(2)，95.

佐藤豊道（1999）「医療ソーシャルワーク実践50例」〈書評〉『医療社会福祉研究』8(1)，58-59.

佐藤豊道（1999）「プロケースワーカー100の心得」〈短評〉『ソーシャルワーク研究』25(3)，67.

佐藤豊道（1999）「ソーシャルワーク倫理ハンドブック」〈短評〉『ソーシャルワーク研究』25(3)，67.

佐藤豊道（1998）「Ｊ．アダムズの社会福祉実践思想の研究」〈書評〉『ソーシャルワーク研究』24(3)，73-74.

佐藤豊道（1998）「高齢者を介護する家族」〈短評〉『月刊福祉』8月号，118.

佐藤豊道（1998）「社会福祉の原理と思想」〈短評〉『ソーシャルワーク研究』24(2)，82.

佐藤豊道（1997）「個人の尊重と人間の尊厳」〈書評〉『ソーシャルワーク研究』23(2)，90-91.

佐藤豊道（1997）「生活支援」〈短評〉『ソーシャルワーク研究』23(1)，95.

佐藤豊道（1997）「新しい失語症療法：Ｅ－ＣＡＴ」〈短評〉『ソーシャルワーク研究』22(4)，102.

佐藤豊道（1996）「退院計画」〈短評〉『ソーシャルワーク研究』22(2)，80.

佐藤豊道（1996）「エイジズム」〈書評〉『ソーシャルワーク研究』21(4)，70-73.

佐藤豊道（1995）「精神障害者への偏見とスティグマ」〈書評〉『医療社会福祉研究』4(1)，44-46.

佐藤豊道（1994）「クオリテイ・オブ・ライフのための医療と福祉」〈書評〉『ソーシャルワーク研究』20(3)，73-74.

佐藤豊道（1993）「社会福祉論」〈短評〉『フィロス東洋』9，39.

佐藤豊道（1992）「汝わが子を犯すなかれ、引き裂かれた子どもたち」〈短評〉『フィロス東洋』（東洋大学）6，37.

佐藤豊道（1992）「家のない家族」〈書評〉『家族研究年報』17，92-96.

佐藤豊道（1990）「精神医学ソーシャルワーク」〈書評〉『ソーシャルワーク研究』16(2)，69-73.

佐藤豊道（1990）「地方自治体と対人福祉サービス」〈書評〉『精神医学ソーシャルワーク』20(6)，75-78.

佐藤豊道（1989）「医療福祉のネットワーク」〈書評〉『ソーシャルワーク研究』15(1), 75-76.

佐藤豊道（1988）「高齢化社会基礎資料年鑑87、老人の生活と意識、The Encyclopedia of Aging、Encyclopedia of Social Work No.18」〈書評〉『社会老年学』（東京大学出版会）28, 89-95.

佐藤豊道（1979）「渡辺海旭研究：その思想と行動」〈書評〉『淑徳年報』6, 88-89.

佐藤豊道（1982）「東北の児童福祉」〈書評〉『研究年報』（青森大学付属産業・社会研究所）5(1), 24-38.

佐藤豊道（1982）「東北の社会福祉」〈書評〉『研究紀要』（青森大学付属産業・社会研究所）5(1), 67-75.

佐藤豊道（1983）「幼児虐待、家庭内暴力、現代のかけこみ寺」〈書評〉『ソーシャルワーク研究』9(3), 74-78.

佐藤豊道（1983）「東北の老人問題」〈書評〉『会報』（東北ソーシャルワーカー協会）50, 16-17.

佐藤豊道（1983）「ＭＳＷの役割と専門技術、ＰＳＷ業務試論」〈書評〉『ソーシャルワーク研究』9(1), 65-66.

佐藤豊道（1988）「クライエントとの契約：ソーシャルワーク処遇過程における倫理確保としての手段」〈翻訳〉『ソーシャルワーク研究』14(2), 10-13.

佐藤豊道（1988）「実践モデルとしてのケースマネジメントの開発」〈抄訳〉『ソーシャルワーク研究』14(1), 64-66.

佐藤豊道（1986）「入所老人が知覚する統制と人間関係に対して回想が持つ効果」〈抄訳〉『ソーシャルワーク研究』12(3), 65-66.

佐藤豊道（1985）「入所老人に対するソーシャルワーク実践のネットワーク連結モデル」〈抄訳〉『ソーシャルワーク研究』11(3), 65-66.

佐藤豊道（1985）「ソーシャルワーカー：役割と任務」〈抄訳〉『ソーシャルワーク研究』11(1), 66-67.

佐藤豊道（1984）「フレクスナー神話とソーシャルワークの歴史」〈抄訳〉『ソーシャルワーク研究』9(4), 54-55.

佐藤豊道（1983）「ソーシャルワークにおける父権主義の概念」〈抄訳〉『ソーシャルワーク研究』9(3), 70.

佐藤豊道（1982）「ソーシャルワークの目的：自ら選んだ地位か、強制による地位か」〈抄訳〉『ソーシャルワーク研究』8(3), 59-62.

佐藤豊道（1982）「再考：ソーシャルワークの目的と目標」〈抄訳〉『ソーシャルワー

ク研究』8(1)，55-57.

佐藤豊道（1982）「地方ホスピス：フォーマルおよびインフォーマル援助システムの統合化」〈抄訳〉『ソーシャルワーク研究』7(4)，83.

佐藤豊道（1981）「臨床ソーシャルワークの社会的背景」〈抄訳〉（『ソーシャルワーク研究』7(2)，67.

佐藤豊道（1981）「代弁と精神障害者」〈抄訳〉『ソーシャルワーク研究』7(1)，70-71.

佐藤豊道（1981）「福祉政策と黒人家族」〈抄訳〉『ソーシャルワーク研究』6(4)，72-73.

佐藤豊道（1980）「児童養護におけるケアの定義」〈抄訳〉『ソーシャルワーク研究』6(3)，56-57.

佐藤豊道（1980）「家族政策に対する反論」〈抄訳〉『ソーシャルワーク研究』6(2)，55-56.

佐藤豊道（1980）「非行少女に対する家族指向政策と治療プログラム」〈抄訳〉『ソーシャルワーク研究』6(2)，60.

佐藤豊道（1980）「ネオ・マルキストからみた批判：社会階級を函数とした少年審判の公式化とテスト」〈抄訳〉『ソーシャルワーク研究』6(2)，60-61.

佐藤豊道（1980）「結婚と家族療法における博士課程」〈抄訳〉『ソーシャルワーク研究』6(1)，63-64.

佐藤豊道（1980）「家族療法家のための統合的訓練モデル：ハンネマン家族療法修士課程」〈抄訳〉『ソーシャルワーク研究』6(1)，62-63.

佐藤豊道（1980）「家族葛藤と児童の自己概念：正常家族と片親家族の比較」〈抄訳〉『ソーシャルワーク研究』5(4)，61-62.

佐藤豊道（1980）「児童放置における父親不在の問題」〈抄訳〉『ソーシャルワーク研究』5(4)，61.

佐藤豊道（1979）「家族からの独立：個人化の許容；核家族の発達的概念化」〈抄訳〉『ソーシャルワーク研究』5(3)，87.

佐藤豊道（1979）「夫婦システムと家族システムの診断：訓練モデル」〈抄訳〉『ソーシャルワーク研究』5(3)，87.

佐藤豊道（1979）「第三世界における家族福祉：社会開発の新しい構成要素」〈抄訳〉『ソーシャルワーク研究』5(2)，20-25.

佐藤豊道（1979）「家族療法に対するシステム・クライシス・アプローチ」〈抄訳〉『ソーシャルワーク研究』5(2)，67-68.

佐藤豊道（1979）「健全な家族システム」〈抄訳〉『ソーシャルワーク研究』5(2)，66-

67.
佐藤豊道（1978）「ソーシャルワークと組織社会学」〈抄訳〉『ソーシャルワーク研究』4(2)，52-56.
佐藤豊道（1978）「クライエントに選択させよう」〈抄訳〉『淑徳年報』5，60-65.

【個別事例検討　スーパーバイザー】

1997～2017年　「ソーシャルワーク実践研究会」スーパーバイザー
1996～1998年　板橋区常盤台在宅介護支援センター　スーパーバイザー
1992～1997年　東京都医療社会事業協会　スーパーバイザー
1994～1997年　東京社会福祉士会　スーパーバイザー

第1章　理論編

ジェネラリスト・ソーシャルワークの視点「人間：環境：時間：空間の交互作用」

新保　祐光

1．本稿の目的と意義

佐藤豊道先生（以下佐藤）は、東洋大学の教員紹介HPで学生に向け「芋虫はさなぎになり、そして蝶になる」という言葉を載せていた。大学生という時期は、蝶の変化と同じように驚くほどの変化する力と機会があることを伝えたいという気持ちからであろう。

芋虫は、卵のまま孵化しないこともあれば、時間と条件が整えば本人の意思と関係なく、さなぎになりたくなくてもならざるを得ない。場合によってはメタモルフォーゼが起きて、想定と大きく異なる蝶となることもある。このようにすべての生物は多様な影響を受け、時間とともに多様に変わりつづける、複雑で動態的な存在である。

佐藤は生物の中でも人間に特別な意味を与えたうえで、複雑で動態的な人間の生活を支援するソーシャルワークの普遍的な視点として「人間：環境：時間：空間の交互作用」を提示した。本稿の目的はこの普遍的なソーシャルワーク（以下ジェネラリスト・ソーシャルワーク）の視点について、佐藤の研究、教育を振り返ることで具体的な理解を試み、その視点を少しでも継承していくことである。

具体的な理解を試みるのはなぜか。「人と環境」を一体的にとらえる視点は、「人」と「環境」それぞれへの偏りや対立を経ながらも、リッチモンドの頃からソーシャルワークに重要な視点とされてきた。時代や様々な影響による変化を乗り越えてきた普遍的な視点である。ただしこの「人と環境」を一体的に捉える「概念については必ずしも一致した見解があるとも限らない」（佐藤 2001：198）。そもそも「人」や「環境」の概念の抽象度が高いことや、その「人」と「環境」を一体的に捕らえる視点だけが強調されており、具体的な内容については多様な見解がある状況だと考える。

そのため佐藤が考える「人間：環境：時間：空間の交互作用」についての具体的な理解を試みる。これは佐藤から教えてもらった「抽象の階段」の応用である。具体的に理解することは、その概念の曖昧さを軽減し説明可能性を高める。つまり適切な伝達、適切な理論としての使用可能性が高まる。

また佐藤が『ジェネラリスト・ソーシャルワーク研究』を刊行した2001年と現在を比べると社会は大きく変わった。少子高齢化の影響だけを取り上げても、雇用や地域社会のあり方も大きく変わり、人手不足や年金制度の変更などで65歳を超えても働かざるを得ない状況となった。先の芋虫の話でいえば、変わらざるを得なかったのかもしれない。

このように変化の激しい時代だからこそ、ソーシャルワークがその変化に翻弄されるのではなく、人間の生活を支援する専門職の視点として、ジェネラリスト・ソーシャルワークの視点をしっかりと持つ必要がある。激動の時代状況だからこそ、普遍的な視点を確認する意義がある。

２．本論の方法

研究は、時代や政策といった状況の影響を強く受ける。佐藤の示した視点は、どのような時代、研究背景のなかで示されたのかを確認するところから始める。そのうえで「人間：環境：時間：空間の交互作用」の内容について、佐藤の教育と研究を手がかりに具体的に検討していく。

教育については、筆者は佐藤が1991年に東洋大学に異動した翌年から退職までの間、何らかの形で継続的に佐藤の教育を受けており、そのなかで特に丁寧に読むように指導を受けた文献を取り上げる。丁寧に読むように指導された文献は、佐藤がソーシャルワーク教育に有用だと判断したと考えるからである。それらの文献を通じた指導の過程で交わされた会話も含め、その文献を読ませた意図を推察し、そのうえで筆者の理解について記述する。

研究については佐藤の論文を中心に、それらの著作物に関連して直接指導された内容も含めて検討していく。佐藤の博士論文を刊行したものである『ジェネラリスト・ソーシャルワーク研究』(2001) で再掲した論文に関しては、刊行に際してその内容が精査、改訂されており、最新の成果と判断し、この文献を中心に見ていく。このほか『東洋大学大学院研究紀要』、長年編集委員を勤めた『ソーシャルワーク研究』(相川書房)、学会理事を長く務めたソーシャルワーク学会のシンポジウム等も概観した。これらの研究の全体を俯瞰しながら、自ら受けた指導とも関連付け「人間：環境：時間：空間の交互作用」について具体的に検討していく。

このほか佐藤の研究、教育を検討するにあたり、他にも有用な資料として長年継続してきたソーシャルワーク実践研究会を録音したものの逐語録が存在する。その内容の分析については次章の久保田論文に委ねた。佐藤から同じように長い時間教育を受けた久保田に、異なる対象、アプローチからの検討を、トライアンギュレーションを意図して役割分担した形である。

また佐藤は実践記録についても研究の当初から「実践記録研究会」に参加し、晩年は『ソーシャルワーク記録』(久保・佐藤 2006) の監訳を務めたように、大事な研究対象としていた。これに関しては筆者の能力や本稿の意図から、今回の対象から外している。これに関しては樋口らの論文が再掲されており、そちらを参照されたい。

なお本稿の構想はだいぶ前からあり、佐藤に東洋大学退任前に何度か趣旨を伝えインタビューのお願いをした。しかし佐藤は「(論文・発表等の) アウトプットは、評価するのは読んだ人」と話しており、今回の趣旨を伝えたも

の の「あなたたちが受け取ったように書きなさい」と返答をいただいている。我々の主体性や力を強く意識した回答である。本稿は佐藤に本稿の内容を確認していないが、このような佐藤らしい指導の表れととらえてほしい。

３．佐藤のソーシャルワーク研究者としての背景

(1) 佐藤のソーシャルワーク研究の時期

はじめに佐藤の研究者としての背景を確認する。佐藤の研究者としての時代的背景であるが、佐藤はソーシャルワーカーが日本において国家資格となる10年以上前からソーシャルワーク研究者であった。1987年に社会福祉士法が成立するが、1974年には淑徳短大の助手となり、同時期に『ソーシャルワーク研究』誌の編集協力をはじめ、1978年からは編集委員になっている。

1950年代のアメリカにおけるCSWE（Council on Social Work Education）にみられるように、専門職としての教育体系の検討がおこなわれる際は、ソーシャルワークとは何か、その必要とする知識、技能は何か。そしてどのようにそれらを習得するかについての活発な議論がおこなわれる。そしてその体系が一度作られると、その体系に則った教育がおこなわれる。

1980年代の日本におけるソーシャルワーカーの国家資格化の検討をきっかけに、それまでソーシャルワーク専門職養成の定まった枠組みのないなかで多様な教育を受けた研究者が集まり、資格と養成のあり方について議論がおこなわれた。佐藤はその過程をソーシャルワーク研究者として経験し、業績のテキスト欄にみられるようにその際の議論を踏まえソーシャルワーク専門職養成のためのテキストを、長年ブラッシュアップしながら数多く執筆している。

日本におけるソーシャルワーク研究を時期区分するとすれば、この資格制度の枠組みで教育を受けた研究者とそうでない研究者で一つの区分ができよ

う。佐藤は資格制度創設以前に教育の明確な枠組みが無いなかでソーシャルワークを学んでいるため、その内容は現在の教育体系ではなく、教育した指導者の影響を強く受けている。そのため佐藤がソーシャルワークを誰からどのように学んだのかは、研究者としての位置づけを考えるうえで重要になる。

(2)　ソーシャルワーク研究の源流としての田村健二

佐藤は東洋大学の博士前期、後期課程を元東洋大学教授の田村健二のもとで学んでいる。学部は教育学部であり、対人援助への関心は学部で醸成されたと思うが、専門的なソーシャルワークの教育は大学院の博士前期課程がスタートである。

田村健二は、妻でありマリッジカウンセリングの領域で著名な研究、実践者であった田村満喜枝とともに、東洋大学社会学研究科社会福祉学専攻の院生のソーシャルワーク実践を丁寧に検討するグループを作っていた。田村の指導はこのグループのスーパービジョンが核となっていた。

現在多くの臨床研究で有用な書とされる『臨床の知とは何か』（中村 1992）では、臨床の知とは「個々の集合や場所を重視して真相の現実に関わり、世界や他者が我々に示す隠された意味を相互行為のうちによみとる」（中村 1992：135）とされる。

田村が指導した院生グループは、まさに実践の分厚い記述から個々の状況を描きだし、その場で起きた相互行為の意味の深い洞察を長時間にわたりおこなっていた。その成果を田村ら（1971）、高橋ら（1973）のように積極的に学会や論文等に発表する、まさに実践を題材に臨床の知を追求するグループであった（引用した成果は、それぞれ 1 例の事例研究であるが、20頁を超える分厚い記述に基づく考察である）。

そして田村らのグループによる「クライエントの主体性」（田村 1973）に関する検討は、複雑な関係性のなかにある人間の役割や期待等の葛藤から、何を選択し、どう生きていくかを支援するというソーシャルワークの枠組みを示している。この枠組みは後に佐藤が強い関心を寄せるPayne（1992）のreflexive modelとの類似性を強く感じており、佐藤の研究には晩年まで田村の研究の影響があったと感じている。

また田村の「コップの水の比喩」（田村ら1971）も、佐藤の授業や、ソーシャルワーク実践研究会のスーパービジョンでも何度も出てきており、田村の実践を基盤にした臨床の知は佐藤に強く影響している（このコップの比喩に関しては齋藤の第2章の原稿で詳しく述べているので、そちらを参照されたい）。このように臨床経験をグループで検討し、実践知について検討していくという方法は、佐藤自身が教員の立場となった後も継続して行っていた（その内容をまとめたものが久保田の第2章の原稿である）。

このように臨床経験を大事にし、事例を丁寧に探求する佐藤のソーシャルワーク研究の姿勢は、実践に強い関心を持ち事例研究を中心に博士論文を執筆しようとした筆者にも強い影響を与えた。事例研究は、事例のエビデンスとしての精度に対する疑義などもあり、博士論文の根拠資料としてネガティブな意見も少なからずあった。また個人情報保護法も博士論文執筆中に成立したため、事例研究に関する同意の範囲の検討も慎重にしなければならず、何度か事例研究を中心とした論文執筆を諦めそうになった。

それでも佐藤はソーシャルワークにおける事例研究の意義、有用性を筆者に何度も説き、執筆の動機付けをおこなった。また田村が指導したグループのリーダー的存在であった高橋重弘が東洋大学で研究指導をしていた時にも、「事例研究の意義は大きい。たった1事例であっても、内容によっては博士論文に値するものは書くことが可能だ」といっていただいた。

このように佐藤は、実践経験を大事にする指導者のグループに所属し、また佐藤自身も研究教育のなかで実践経験を大切にしてきた研究者である。ただし田村は臨床感覚を大事にするがゆえに、知識に基づく先入観をなるべく持たないようにすることを意図して、グループメンバーには文献等を参照せず、限りなく目の前に起きている現実を丁寧に掘り下げることを積み重ねていくことを勧めていた。

このことについて佐藤は「田村先生は研究者としてはもちろん、臨床家としてとても優れていた。臨床家としての感性を大事にされていたので、理論を学ぶことで先入観をもったり、分かった気になってしまう可能性から、本は読むなという指導をされた。ただし、そのせいで田村先生の評価は大きく分かれてしまっている」（新保 2015）と語っている。

決して田村は文献研究を軽視していたわけではない。田村（1969）をみれば分かるように、事例研究の方法を示した田村の論文は、膨大な先行研究をまとめたものであり、臨床と研究の関連をかなり大事にした研究者である。ただ臨床実践の指導で文献を読む弊害を指導されたのである。

この影響もあると考えるが、佐藤は臨床経験だけを重視するのでなく、文研研究も丁寧に行った。その結果としてシスティマティクレビュー（佐藤 2002）が高く評価される（秋山 2005）。臨床経験と理論研究は、お互いが相互に補完しつつ刺激しあい発展していく良循環が理想的である。かといってこれを実践するのは簡単ではない。どちらも一朝一夕に行えるものではなく、それぞれの立場があり、偏りが出ることもすくなくない。

しかし佐藤は田村の指導の経験も踏まえてその良循環の必要性を実体験のなかで強く感じたのだろう。佐藤の博士論文である『ジェネラリスト・ソーシャルワーク』（佐藤 2001）を見ればわかるように、佐藤は理論研究が中心である。しかしながら田村が重視した実践を詳細に深く検討することを佐藤も大事にし、実践研究の成果や具体的な支援の現実にも強い関心を寄せた。そして我々に対する教育では、継続的に長年スーパービジョンを実施しながら、そのなかで多様な理論や研究を紹介してきた。以上のような経過から、佐藤は理論研究者であるが、詳細な実践経験の理解にも注力し、それを理論として言語化し、実践と理論の良循環を意図した研究者であり、教育者であったといえる。

(3)　システム論の影響

先に書いたように、佐藤が研究者としてのスタートを切ったのは1970年代である。その理論研究では、システム論の影響が大きかったと考える。まだ佐藤の研究対象が教育であった大学院入学の初期の頃からシステム論への関心はあったが、エコロジカル・ソーシャルワーク研究や太田義弘先生との学び合いのなかでよりシステム論の有用性を感じたものと思われる。もともと実践経験のなかで、今ここをどうとらえ、どう支援するかの現象学的な理論的枠組みを大事にしていた（佐藤 1984）。それを視点のサイズを多様に変え、システムとして理解することの有用性を感じたのであろう。

そして同じ東洋大学で、システム論と現象学の遊具を試みていた河本英夫の研究にも関心を寄せていったのだと思われる。

4．佐藤のソーシャルワーク教育からの検討

佐藤のソーシャルワーク教育のプロセスで、筆者が特に丁寧に読むよう指導を受けた文献について記述していく。教育の段階の意図もあると思われるので、紹介を受けた時系列を踏まえて記述していく。ただし今回記述する文献は、筆者が指導を受けたものに限定され、時期によって異なる文献を紹介しているため、佐藤が重要とした文献すべてではない。

(1)　学部時代

①Duverger M.（＝1968 村瀬忠一・樋口陽一訳『社会学の諸方法』勁草書房）

学部２年ゼミの春学期は毎週２冊以上の本を読みレポートを書く課題があった。最初の頃に新聞の読み方、終盤で「抽象の階段」を学ぶ機会があったことを覚えている。そして後期のゼミでは、半期かけてこの本を一冊読むことになった。毎回少しずつ読みすすめ、読んだ部分を各自レポート作成の

うえサブゼミで討論してまとめ、それをゼミ内で発表し、全体でシェアした後に佐藤が解説する形であった。ゼミ生たちには抽象度も高く内容が難解で、まとめるのに苦心した。

そのためゼミ生の間では内容の理解に困ったら、佐藤のこの本の内容の解説のなかで何度も出てきた「コンテクストが重要だ」のフレーズでまとめるという逃げ道が出来ていた。この本の内容は十分な理解はできていなかったが、この経験からコンテクストという言葉を覚え、そのコンテクストや、起きている事象の関連に関心を持つことが重要だということを学ぶ基盤となった。

②Germain, C. B. et al. 小島容子編訳・著（1992）『エコロジカル・ソーシャルワーク』学苑社.

大学３年のゼミで「人と環境の交互作用」について詳しく知りたいと佐藤に聞いたところ紹介された本である。当時印象に残ったのは「環境との適合」や「滋養的環境」という言葉であった。言葉のインパクトも含め、ソーシャルワークが目指すべきところだと漠然と理解した。

「人と環境の交互作用」は単線で結ばれる相互変容ではなく、多様なチャンネルで複雑に起きる円循環フィードバックであること、くわえて「適応」と「適合」の違いに関わる説明が印象に残っている。

これによって前年の「コンテクストが重要だ」を、ソーシャルワークの文脈に基づく理解へと近づけることができた。ソーシャルワークの目的は「滋養的環境」を目指すこととそのなかで人が「環境との適合」を目指すことだと理解できた。そのなかで生態学の概念である成長やニッチなど、交互作用のなかでの動態的変化に関する概念の有用性も理解できた。

③太田義弘（1992）『ソーシャルワーク実践とエコシステム』誠信書房.

４年次は大学院進学を意識しており、質の高い卒業論文を書くことを目指していた。その際に読むことを薦められた本である。ここではソーシャルワークは、制度・政策（マクロ）を組織（メゾ）に所属するソーシャルワーカーが、利用者（ミクロ）に実施するトップダン型のＡシステムと、実態（ミクロ）から、個々のニーズに応じて必要なものを創造し、組織や地域文化を形作り（メゾ）、制度（マクロ）へと運動していくボトムアップ型のＢシステムがあり、それぞれの循環が相互関連するものとして書かれていた。よく卒論の個別指導の時にＡシステムとＢシステムという言葉が出てきたが、当時は十分に理解できず、言われるままに使っていたと思う。

今振り返ると、卒業論文の調査対象は、当時まだ法外施設であった精神障害者の社会復帰施設であった。精神障害者は病人として扱われ公的な福祉サービスのなかった時代である。個別のニーズから求められた福祉施設を作り、またその過程で起きた地域と施設のコンフリクトの軽減を図ることで、地域、文化に働きかけ、さらに法制化していくソーシャルワークのボトムアッププロセスを、佐藤は太田の理論を用いて論理的な記述ができるように読ませたのであろう。

そこからさらに発展し、制度として精神障害者支援ができたとしてもそこにとどまらず、その制度を個別具体的な実践として可能な限り効果的におこなうトップダウンの実践への転換、その間のボトムアップとトップダウンの相互の関連をフィードバックすることで、「滋養的環境」を目指すための社会福祉における制度と実践の関連を理解させたかったのだと思う。

これによって筆者は卒業論文執筆過程で、ソーシャルワークがミクロ、地域（メゾ）や制度・文化等（マクロ）と連動しておこなわれるものだということ。そしてそれらのフィードバックにより修正していく視点を少しでも身に着けることが出来たと考えている。

(2)　博士前期課程

①Richard, L. E. and Jane, G. H. ed.（1995）*Encyclopedia of Social Work 19ed.* NASW.

私が博士前期課程に入学した前年の1995年に、８年ぶりにEncyclopedia of

Social Workの新版が出たこともあり購入するように勧められた。研究者として使う用語は根拠の信頼度が高いものが求められるため、文章の中で使用する概念については、必ずEncyclopedia of Social Workで調べ、確認するように指示された。

この信頼性のある根拠に基づいて論を進めるというのは、後に佐藤がサバティカルを取得しUniversity of California, Berkereyにおいて研究し、サバティカル後にその重要性について積極的に発信したEvidence based social workにつながっていく。

またこの時私はソーシャルワークの知識もあまりないなかで英語文献の読解に苦慮していたところ、佐藤から英英辞典を用いて類似の単語を調べることで、適切な意味の理解の可能性が高まることも指導を受けた。

②岡村重夫（1997）『社会福祉原論』全国社会福祉協議会.

修士論文のテーマを決める過程では、社会福祉研究者の基礎として岡村重夫の『社会福祉原論』を読むように指導された。筆者は『社会福祉原論』を読み、人間の基本的欲求や社会関係の主体的側面に関してまとめたものを佐藤に提出した。そのときに社会福祉原論の元となった『社会福祉学（総論）』（岡村 1956）と一字一句読み比べ、どこがどのように改定されているか、改定された意図は何かについてまとめるようにと再度指示があった。

インターネット書店が無い時代に、古本屋に行っても『社会福祉学（総論）』はなかなかみつからず、国会図書館に行って全ページをコピーした。そして改定された点を自分なりにまとめた。それを提出した際の指導では、私自身が岡村の意図は簡単にくめるものではなく、浅はかだったため、佐藤の質問に苦慮することになる。ただしこの経験は結果ではなく、ソーシャルワーク研究の基本文献といえる『社会福祉原論』を丁寧に読むことにくわえて、研究者として本と真摯に向き合うことを学んでほしいということだったと思う。

この経験を踏まえ、また田村の主体性に関する研究（田村 1973）（高橋ら 1973）等も関心を持って読んでいたこともあり、私の修士論文はこの「主体」

をキーワードに書くこととなる。

当時は介護保険導入にあたり、ケアマネジメントが急速に広がった時期である。修士論文はそのモデル事業に参加しながら、環境、社会関係のなかで多様な要請があるなかでそれらを統合しながらその人らしく生き方を選択していく、利用者主体モデルの必要性をまとめた。

そのなかで「主体」という言葉の重要性と難しさに直面することとなる。当時の筆者はシステムという言葉を使っていたにもかかわらず、動態的な理解が不十分だったため「主体」という言葉を本人の意向に近い意味で用いており、適切な概念としての利用はできていなかった。

ただしこの『社会福祉原論』を読むことで、人間は様々に要請される多様な役割がありそのなかで自分らしくあることの葛藤があり、そこで自分らしく生きようとすることが簡単では無いことが理解できた。そしてその自分らしく生きることを考える難しさ、さらにそれを実行する時の困難を支援することが大事だということに気づいた。そして今もこの概念について環境との交互作用に基づく動態的な捉え方を強調しようと「意思決定」ではなく、多様な人との意見の交換を踏まえ、その人々との調和を目指す「合意形成」にこだわることで、この「主体」の支援の意味を模索し続けている。

なおこの経験から、私はある程度本を読めるようになっており、『社会福祉原論』（岡村 1997）の理解は十分だと自信を持っていた。しかし博士後期課程の高橋重弘先生のゼミで、岡村理論を用いて発表した際、岡村が最後に出した論文（岡村 1992）は読んでいるかどうかを確認された。読んでいないと伝えると、岡村がそこで社会関係の主体的側面を修正したことを指摘され、理論を使う際は著者の直近の論文まで確認したうえでないと正確な理解ができないことを指摘された。この経験は後にHollisやDolgoffらを読む際に非常に有用であった。

また高橋には、岡本（2010）のソーシャルワークのスキル概念を用いて発表したときも、「それは岡本さんのイメージと違うなあ」と指摘された。『社会福祉原論』を通して佐藤に文献と向き合うことを教えてもらったが、本を読むこと、著者の概念を適切に理解することの難しさは未だに残っている。

(3)　博士後期課程

①Luhmann, N.と河本英夫のシステム現象学

私が博士後期課程に入学した後、事例研究での研究計画を発表すると、事例研究という方法に対して理論化、汎化への疑義をたくさん質問された。そのなかで事例研究のための何らかの理論的枠組みを持たなければと考え、システム論の系譜をたどるなかでたどり着いた一つがLuhmannの社会システム論である。

博士後期課程の合宿でLuhmannの『社会システム論』は分厚く難解だったこともあり、丁寧に読むことをせず書評等で読んだ「Luhmannはもう古い」という言葉で片付け、GermainとGittermanの生態―システム論がソーシャルワーク研究に適した理論だと発表した。その時に「Luhmannが古いとする根拠は何か」と質問を受け適切に回答できなかった。

佐藤が「Luhmannは古い」を確認する背景には、当然先行研究に対する敬意のない発言に対する確認もあるが、同時に河本英夫のオートポイエーシスに関心を持っていたことも関連しよう。Luhmann はシステムの基本的な作動としてオートポイエーシスの概念を用いていたが、河本はそれを発展して認識論に現象学を継ぎ足すことを試み第四世代以降のシステム論へと昇華しようとしていた。そしてこの河本はシステム現象学については日本を代表する研究者である。

佐藤の「今、ここ」を理解しようとする現象学への関心は「実践の人間理解と価値」（佐藤 1984）の頃からみられ、ソーシャルワークは認識論と存在論の双方の哲学を根底に併せ持つことが必要だとしている（佐藤 2001：164）。Luhmannのオートポイエーシスはこの認識論と存在論の双方を含むことを可能とすることを試みる枠組みであったため、ソーシャルワークにも有用で

あるのにもかかわらず、理論に対して浅薄な評価をしたことに、きちんと読んだうえでのことなのかの確認をしたのであろう。

このような経験を経て、筆者はソーシャルワークとしての認識をするための視点としてGermain（＝1992）のエコロジカル・アプローチ、当事者の経験を理解するためのシステム現象学（河本 2006）と、どちらかではなく両者をともに学ぶこととなる。認識論と存在論を併せ持つソーシャルワークの視点に対する暫定的な答えである。そしてこの経験から、人間が動態的な存在であることの理解も深まった。

しかしこれも博士論文提出という暫定的なゴールに向けての整理であり、佐藤の認識論と存在論を根底に併せ持つソーシャルワークの視座を十分に整理できているとはいえない。このことこそが「人間：環境：時間：空間の交互作用」の核となる視点だと考えており、私自身検討をまだまだ深めていく必要がある。

②Perlman, H. H.（1957）*Social Case Work；a probrem-Soloving Process.* Univ of Cicago.

佐藤は先の「Luhmannは古い」に関連づけて、古典の持つ凄み、迫力について語ったことがある。その際に佐藤は今でもPerlmanを読み返すとその内容の深みに興奮すると語っていた。

筆者はPerlmanについて、佐藤がテキストでソーシャルワークの構成要素である4つのPを12のPとして展開していることや、問題解決アプローチの提唱者である程度の知識しかなかった。佐藤の前述の言葉を受け、原著、訳書の両方を購入し読んだ。四つのPに関しては、ソーシャルワークの枠組みがストンと落ち、確かにソーシャルワークが分かるようになったと体感した。教員となった今では、学生に4つのPは事例を説明する枠組みとして実習記録を書く際にわかりやすくかけることを説明している。また問題解決アプローチも比較的適用範囲が広く実践しやすい理論だと説明している。

自分のなかではPerlmanを読むことにより、理論と実践を関連付けることがかなり意識できるようになった。またたとえ古い文献でも、現在に通じる有用な知見は色あせないことを感じることが出来た。

③Payne, M.（1997）*Modern Social Work Theory, 2nd ed.* Macmillan.

佐藤がソーシャルワーク実践研究会で紹介し、その有用性を感じメンバーで翻訳をしたいと取り組んだ文献である（2020年には5版が出版されている）。翻訳は残念ながら途中で断念したが、佐藤はPayneのソーシャルワークの捉え方に共感していたと感じている。

大きな点ではcatalytic modelとreflexive modelの考え方である。私はこれを機能主義と診断主義に端を発するソーシャルワークの捉え方の議論の延長にあり、太田のＡシステムとＢシステムの統合としてのソーシャルワークに近いと捉えている。制度の実施や機関機能の提供を主とするトップダウンのcatalytic modelと、一人一人に人間存在に焦点をあて、ソーシャルワーカーとともにその人の主観的世界を創造する立場のreflexive model、ソーシャルワークには両方があるということである。

そのうえで佐藤は、catalytic modelとreflexive modelは相互浸透関係のシステムであり、ソーシャルワークは、reflexive modelの視点に立ってそれぞれのモデルの相互浸透に介入していくモデルとして考えていたと思われる。

推測であるが、佐藤はPayneのreflexive modelを深く理解することを意図して、同じ時期に、筆者には博士論文執筆過程でLuhmannや河本のオートポイエーシスを、久保田の博士論文執筆過程ではBourdieuを丁寧に読ませたと考える。オートポイエーシスとBourdieu、それぞれの人間存在、社会を理解する理論、有用性と限界などを踏まえてPayneを読み直すとまた違った理解が生まれてくるのだが、久保田とともに十分な読み込みができているとはいえず、またそれぞれをすり合わせる議論もできていないのが現状である。

⑷　薦められた文献から分かること

薦められた文献から推測する佐藤がソーシャルワークに重要だと考えているものは、システム思考で捉えることの重要性と人間存在についての捉えかたである。そしてこの２つは、太田や岡村、Payneが指摘しているように見る立ち位置の違いとしての視座を意識し、一体的に捉える必要がある。

システム思考で捉えることに関しては、社会を理解するにはコンテクストが重要というDuvergerに始まり、Germainや太田の成長や良循環を目的とする人と環境の交互作用というソーシャルワークの特性としてのエコシステム、Perlmanの６つのＰや太田のＡシステムとＢシステム等のシステムの、ソーシャルワークの構成要素とその関係を構造として理解する視点などがある。これはソーシャルワークとは何かを説明にするにあたり、可能な限り一般普遍的を志向したためであると考える。

また人間存在をどう捉えるかについては、岡村の社会関係の主体的側面、Luhmannや河本のオートポイエーシス、Payneの reflexive modelなどと関連している。この人間存在については、交互作用を前提とする動態的で複雑なものとして捉えることであり、そのうえで何らかの主体としての特性としての主体性や意味を持つ存在であることが共通する。これは田村の臨床研究の成果である「統合理論におけるクライエントの主体性」とも関連付けられる見方といえよう。

「システム」のなかにあり「動態的で主体としての意味を持つ人間」。この二つを一体的に考えることは、まさに「人間：環境：時間：空間の交互作用」を理解するための教育だったと考える。

5．佐藤のソーシャルワーク研究

(1)　開放系システムとしての対象理解

佐藤の博士論文を基にした著書（佐藤 2001）は、「一般普遍的ソーシャルワーク研究序説」（佐藤 2001：1）として構想され、ソーシャルワークに必要不可欠な知識、技術、過程等をまとめたものである。その成果は一般普遍的、そして必要不可欠を志向するなかで、ソーシャルワーク百科辞典と言われるほどに幅広い領域の多くの研究成果を踏まえ、まとめられている。

その代表的なものが、既存のソーシャルワーク研究の内容、方法、目的、対象などから多様な文献や論文を体系的に収集、整理しまとめた「社会福祉研究方法試論」（佐藤 2002）である。本研究はセミ・システマティク・リビューとして高い評価を得ている（秋山 2005）。

この高い評価を得たセミ・システマティク・リビューでも「試論」としており、ここに佐藤のソーシャルワーク研究を捉えるスタンスが示されている。佐藤のソーシャルワーク研究に対するスタンスは、「大局的にみて、時間・空間と連動するソーシャルワークの本質上、『本説』本説に可能な限り、近づく努力に傾注するものの、本説にたどり着くことはありえないことを強く意識した」（佐藤 2001：1）、つまり開放系、または自己組織性に基づく動態的なシステム思考に基づく捉え方である。

佐藤の研究は、基本的にこの開放系または自己組織性に基づく動態的なシステム思考である。例えばソーシャルワークの環境の概念を幅広く捉え、その影響を取り入れるべく地球環境問題（佐藤 1992、2013等）を継続的に発信している。さらに環境や社会変動を理解するにあたり、宇宙環境までを視野に入れた環境の影響を視野に入れる必要性を示している（佐藤 2001：130-131、2009等）。さらにはソーシャルワーク実践研究会において「人間：環境：時間：空間の交互作用」をどのように捉えるかという議論のなかで、世界を理解する一つの見方である次元は何次元まであるのかという議論になり、実際におこなわれた5次元空間の実験（Randall, L＝2005）の話にまで発展したこともある。当時の研究会の記録を見るとRandallの訳書の発表された月にはこの議論がされていて、世界の理解に影響する可能性のある5次元領域について我々に紹介し、ソーシャルワークへの応用可能性を検討していたことが分かる。

このほかソーシャルワークと関連する領域の有用な知見を積極的に関連付けて検討していることもあげられる。たとえば日本では資格制度が異なるために異なる養成課程を持つ介護福祉とソーシャルワークの関連についての検討（佐藤 2001：418－454）や、それらの共通概念としてのケアの概念の検討もおこなっている。また対人援助として共通する知見や研究方法論を検討する際に、積極的に医療や看護領域の知見も活かしている（佐藤 2001：512-513）。

筆者は佐藤から「研究テーマの参考になるから、ジュンク堂や三省堂で、看護領域に並んでいる本の背表紙だけでもいいからみてきなさい」と指導され、実際に行動してみると多くの刺激を受けた。

人間には多様な側面があり対人援助は学際的となる。この学際的な研究を、それぞれを組み合わせるコンビネーションではなく、お互いが有用に活かし合い、より発展的な形を意図した動態的なシステムとして常にソーシャルワーク研究を捉えていた。

ただしこのように幅広く多様な範囲を取り込み、関連する要素が多くなればなるほどそのシステム内の関係が複雑になる（Luhmann＝1995）。つまり幅広く、多様なバリエーションとそれに基づく変化は、多様であるがゆえに理論として実践に応用する際に指針としての不確実性が高くなる。

しかしながら佐藤はこの多様性を基盤とした相互浸透に基づく動態性こそがソーシャルワーク研究の核だとしている。そして実践レベルでも、事例研究をおこなう際に覚知したものを可能な限り分厚く記述し、その事実を多角的に検討することが必要だとしている。反対に生活が営まれる一般社会で起きる出来事を、規則や社会での有力な理論や意見等によって線引きし、単純化して考えてしまうことによる偏りの方が、社会における個人の生活を対象とするソーシャルワーク理論としての問題があるのではないかと指摘する（佐藤 2018：129-132）。

この指摘は具体的事例を根拠にしており、ソーシャルワークが対象とする生活の複雑性や、人や立場によっては一見小さく見える影響であっても人にとっては重要で、多様な影響を考慮に入れることの意義を示した根拠に基づいている。これは田村の臨床重視の研究をするなかで、現実の複雑さを体験してきたことの影響もあると考える。

そしてこの佐藤のソーシャルワークの捉え方は、その後2014年におこなわれたソーシャルワークのグローバル定義の改定の大きなポイントであった地球環境への配慮やマクロレベルの強調、地域の多様性の尊重等と親和性が高い。このことからも佐藤のソーシャルワーク研究のとらえ方は、一般普遍的なソーシャルワークとして適切だったことが分かる。

(2)　複雑性の縮減に基づく全体の機能と構造の理解

佐藤の志向するソーシャルワークは、可能な限り幅広く多様な視点を積極的に取り込み、新たなものを創造しようとする一般普遍的なソーシャルワークである。この場合には先に挙げたように、要素が増えることにより複雑性が高まり、記述や説明が困難になる。Luhmannはシステム思考を行ううえでこのように現れる複雑性の高まりに対し、特定の意味に限定し捉え直すことで複雑性を縮減し、説明可能性を高めることが出来るとしている（Luhmann = 1995）。これは多様で複雑なソーシャルワークの知識を「理解可能な要素に分解し、系統的な志向や記述方法」（太田 2002：40）をしめすことで、より実践に有用な知識として提示するという意義がある。

佐藤も可能な限り具体的な実践に有用なように、ソーシャルワークの様々な要素の関連について、特定の意味で限定して捉えなおし、複雑性の縮減をおこなっている。これについて佐藤は「システムに基づく理解は高い位置から獲物を狙う鷹の目のように、周りの状況を高い位置から見る俯瞰してみるマクロの目、獲物に焦点化し急降下しながら自分と獲物との関連を捉えるメゾの目、実際に獲物を捕らえるときに逃がさないよう確実に捉えるミクロの目の複眼的レンズを自在に切り替える必要がある」と話していた。

この複雑性の縮減を意図した例として「ジェネラリスト・ソーシャルワークの支援原理・原則」（佐藤 2002：248-261）がある。このシステム思考に基づく理解の重要性、そして佐藤らしさに気づくのは、佐藤が編者となった介護福祉士養成テキストのなかで、筆者が「ソーシャルワークの原理・原則」（新保 2004）を担当したときである。

佐藤はこの内容を筆者が執筆するにあたり、「バイスティクの原則を考えてみましょう。バイスティクの本では７つの原則を羅列して説明されていますが、『個別化の原則』と『非審判的態度』や『秘密保持』を並列で、同じ抽象度で並べることに違和感はありませんか。」と私に問うた。このとき学部２年で学んだ「抽象の階段」をもちいて「ソーシャルワークの原理・原則」についての簡単な整理を議論した。

そのうえで、原則として単に過去の知見に基づく内容を羅列するのではなく、手に入る限りの社会福祉士養成のテキストを収集し、そこに書かれているソーシャルワークの原理・原則をすべて取り上げ、整理をした。ほとんどのテキストがバイスティク同様、重要と思われる原則が羅列されているか、社会福祉士の倫理綱領のように原理と倫理基準、または原理・原則等のように大きく類型化し記述されていた。

そのうえで佐藤の「ジェネラリスト・ソーシャルワークの支援原理・原則」とそのほかの記述を比較検討した。その結果佐藤の「ジェネラリスト・ソーシャルワークの支援原理・原則」の特徴は３つあげられる。まずその特徴の一つは、背景思想の政治的ファクターとして民主主義をあげていることである。これは他のテキストでは自明とされていたためか、言及されていることはほとんど無かった。ただし価値システムとして捉えた場合、マクロの思想は下位システムに影響を与えうる重要な要素となる。

佐藤は単純にミクロ・メゾ・マクロと類型化したなかで当てはめて書いたのではない記述ではない。佐藤は院生時代に孝橋正一の授業を受けていた。そのなかで佐藤が自己紹介をしたときに、精神科ソーシャルワーカーをしていることを伝えた。障害者の就労支援が、障害者を安価な労働力として促進しているような側面もあることから「君は資本主義の先兵か」と孝橋にいわれたそうである。資本主義と共産主義は独裁主義と民主主義の文脈とは少し異なるが、この孝橋の考え方に国家の主義や思想のなかにソーシャルワークが位置づけられているという認識を強く持ったそうだ。そして先にあげた、環境やマクロレベルの違いも包含し、そのなかでの価値のシステム関連にも配慮できるように、可能な限り広く詳細に全体を理解しようとするソーシャルワークの捉え方につながるのであろう。

２つめは、価値システムとして類型化、階層化しているということである。多くのテキストでは原理と倫理基準、原理と原則等の類型化はされていても、分けてある意図やその関連が示されなければそれらがどのような関係かは分かりにくい。その点佐藤は、一次的原理、二次的原理、三次的原理に類型化をおこない、背景思想、援助関係における原理、展開過程における原理の類型化をおこない、そのなかで階層システムについて図式化している。図式化によってシステム思考に基づく理解が可能になるため、それぞれの価値が上位システムとして含まれる関係なのか、サブシステムとしてそれぞれ違う要素なのかなどの理解が深まり、適切な実践に応用しやすくなっている。これは価値を価値体系（Value systems）と捉えているためである。実際グローバル定義の原則のなかでは、文化的信念について「社会的に構成されるダイナミックなものであり」とあるように、システム思考で捉えている。

現在のテキストでは、ソーシャルワークの原理・原則については、ソーシャルワークのグローバル定義と各専門職団体の倫理綱領が説明されることが多い。筆者は、価値、倫理を基盤にした研修のなかで、ソーシャルワーカーは実践の根拠としていずれかの原理、倫理基準を切り取り、実践に当てはめるような理解になることが多いことを経験した。より実践に価値・倫理を落とし込むためには、佐藤が示したよう価値システムとしてそれぞれが関連しあう価値システムとして理解するほうがわかりやすいと思われる。

３つめは「社会福祉支援システム介入の原理」があることである。これは太田のエコシステムソーシャルワークで述べられている、マクロの制度政策等を適切に実施し、現在の支援システムを有機的に機能させるトップダウン型の循環。ミクロレベルの実態に合わせ、メゾ・マクロをより適切に修正していくボトムアップ型の循環。くわえて必要とされる多機関同士の連携の循環が示されている。そしてそれらがミクロ・メゾ・マクロの様々なレベル、およびサブシステム間で一体として良循環を意図したフィードバックをおこなうことをソーシャルワークの原理としている。

この内容はソーシャルワークの原理ではなく、ソーシャルワークの展開過程として説明されることが多い。他の展開原理が個別具体的な場面で想定される原理であるのに対して、この「社会福祉支援システム介入の原理」は全体を通した展開過程の原理だからである。これも一つ一つの展開原理だけで無く、可能な限り幅広く俯瞰して、動態的なシステムで捉える佐藤の特徴でもあるといえよう。

このほかシステム思考に基づくサブシステムの検討の例として「ジェネラリスト・ソーシャルワークの基本的枠組み」（佐藤 2001：212）がある。ソーシャルワークはどのような専門性に基づいた、どのような実践なのかの基本的な枠組みを示した図である。

この特徴は、多様にあるソーシャルワークに関わるソーシャルワークの理論のなかで、基本的枠組みを考えるにあたり必要なものとは何かを佐藤は考え、そのなかでも必要不可欠なものとしてBartlettのソーシャルワークの専門性を示した4つの総体と、Perlmanが示したソーシャルワークの構成要素である6つのPを、現代社会、およびソーシャルワーク理論の発展を踏まえて応用し、一つの図に落とし込み記述していることである。

Bartlettも Perlmanも、それぞれに有用な理論を展開した研究者であり、単独で応用することも出来る。しかしながら佐藤は、ソーシャルワーク理論を俯瞰し、そのなかでソーシャルワークの基本的枠組みという意味で捉え直したときに、BartlettとPerlmanのそれぞれの理論を必要不可欠なものとして一体的に記述している。全体を俯瞰し、その要素の関連から導き出すシステム思考の特徴が現れている。

内容に関しても、ソーシャルワークの原理原則同様、システム思考に基づき全体の内容を抽象度などによって再構成し記述している。さらに専門性の4つの総体では「人間：環境：時間：空間の全体性に関する知識」（佐藤 2001：214）、「全体的視野で物事を把握できる能力」（佐藤 2001：216）、ソーシャルワークの構成要素では、「人間：環境：時間：空間」を追加したうえで、さらに図の中で一体的に表記するなど、ソーシャルワークにシステム思考が重要なことを示していることも特徴といえる。

このほか佐藤は家族ストレスの知見をもとに家族支援のための理論としてABCT→X循環モデルの検討をおこなっている。ここまでのサブシステムの検討は、多様で複雑なソーシャルワーク理論をより具体的に説明することを意図した、複雑性の縮減の意味が強い内容であったが、本研究は直接援助のため理論であり、具体的支援をボトムアップし理論化するうえでもシステム思考に基づいた検討をおこなっている。

このようにみていくと、佐藤はソーシャルワークに影響する多様な要素を包含することをおこなっただけでない。その包含した全体をシステムとして捉え、そのシステムの理解のために、様々な視点、意味から複雑性の縮減をおこない、その全体像の説明可能性を高めることをおこなったといえる。

6．「人間：環境：時間：空間の交互作用」の具体的理解

(1)　佐藤の特徴としての「：」(コロン)

ここまでの佐藤の教育、研究の振り返りを踏まえて、佐藤の示した「人間：環境：時間：空間の交互作用」というソーシャルワークの視座を筆者なりに具体的に記述していく。視座とは「現存在としての人間が体をとおして一定の座標軸から視る側面」(佐藤 2001：202) である。

ソーシャルワークは「人と環境」を一体的に捉える視点を持つことを特徴とする。これは「人」「環境」それぞれへの偏りを経ながらも、初期であるリッチモンドの頃から受け入れてきた。ただしこの「人と環境」を一体的に捉えることは、「概念については必ずしも一致した見解があるとも限らない」(佐藤 2001：198)。そのためGermainらやJohnson & Yancaらが、その理解の基盤となる有用な概念として、交互作用、適応、コーピング、ライフステージ、ストレッサー、マルチクライエントシステム、ミクロ・メゾ・マクロの階層構造、役割理論などを整理してきた。

佐藤もソーシャルワークに不可欠な視点として先行研究を丁寧に検証しながら、「人間：環境：時間：空間の交互作用」を詳細に検討している (佐藤 2001 157-206)。従来の「人と環境」だけでなく、佐藤は時間と空間を追加しているが、時間、空間それぞれの概念、内容に関しては、Germain (1983) やJohnson & Yancaら、またその後の多くの研究者も、時間、空間の概念のソーシャルワークへの影響を指摘している (佐藤 2001：192)。そのため時間と空間を追加したことが佐藤のオリジナリティとは言いがたい。

佐藤の「人間：環境：時間：空間の交互作用」の特徴は、：(コロン) でそれぞれを繋ぐことであろう。人と環境と表現すると、人と環境は異なるもの２つを合わせたような印象になる。そうではなく佐藤があえて：(コロン) を

使ったのは、:「人と環境」を「人」と「環境」というようにそれぞれを別に扱うのでは無く、一体的に捉えることを強調するためである。この：(コロン) を用いた「人間：環境：時間：空間の交互作用」の表記そのものが佐藤の特徴であり、この意味を理解することが重要となろう。

⑵　佐藤の捉える「人間」

①ソーシャルワークの社会システムの特徴

「人間：環境：時間：空間の交互作用」をみていくなかで前提となるのが、一番初めに書いてある人間をどう捉えるかである。佐藤は人間を「個別的な『意味の世界』を主体的に生きる自律的存在者」(佐藤 2001：167) としている。

佐藤は、ソーシャルワークでは本人の主観的世界、意味を重視しながらも、システム思考に強い影響を受け、交互作用の中で外部からの影響もうけざるを得ない存在とみている。これはLuhmann、Bourdieuが前提として個人の経験に基づく主観的世界を基盤に置きながらも、完全な主観的世界では無く、主観的世界を社会システムと関連づけて捉える立場と同じである。オートポイエーシス、ハビィトゥス等の具体的なアプローチは異なるが、「認識論と存在論の哲学を根底に含」(佐藤 2001：164) むことを意図した考え方であり、博士後期課程で筆者にLuhmann、久保田にBourdieuを、それぞれに丁寧に読ませたことからもこの立場であると考えられる。

そして関連する社会システムにはそれぞれの研究者の特徴がある。Luhmannでいうところの「権威」、Bourdieuでいうところの「階層」である。佐藤はソーシャルワークにおける社会システムの特徴について「社会性」「共同性」をあげている (佐藤 2001：167)。人間は社会的存在であるが故に、何らかの役割を要請され、また規定されている。その社会から要請される役割は基本的に排他的なものでは無く、共に生きる人間として共同に価値に基づくことを前提としている。佐藤の人間観は、それぞれが役割の中で協力して生きる存在である。

②意味の世界

「『意味の世界』を主体的に生きる自律的存在」とはなにか。筆者が佐藤から博士後期課程時代に、ものの見方について指導を受けた際の記録が残っている。そこにはルビンの壺（Rubin 1915）を用いながら、図は地によって影響を受けて理解される。地は様々なコンテクストである。そして世界の見え方はこの図、地、その関連にどうのように意味を付与しているかが重要となると書かれている。つまり事実に対しての意味づけは個々人によって異なり、それはただ対象（図）の意味づけに限定されるのでは無く、それに関連する様々な（地）の意味づけ、その相互関連の意味づけにも影響を受けて多様となるのである。

例えば「患者だけが病んでいるのであって、自分は健康だ、あくまでも援助する存在だと思っている援助者こそが、最も深いところで病んでいる」（徳永 1984：198）という指摘がある。これは若くして事故により障害を持つことになった当事者が、大学、大学院で社会福祉を学んだうえで、援助者である医療ソーシャルワーカーに対して向けた言葉である。

この当事者は、医療ソーシャルワーカーから障害者が、様々な困難のある社会（地）のなかで、援助されるべき困難を持つもの（図）として意味づけられることに強い違和感を示している。

そうではなくこの当事者は、障害者となった今でも、健康であった頃の自分や、これから社会参加していく自分を大事にしながら、多様な可能性のある社会（地）に参加しようとする力ある存在（図）として、今の自分の図と地を意味づけている。この言葉は個人や立場によって図と地の意味づけの違いがあることを顕著に示した言葉である。

同じように佐藤が所属した田村健二グループの関わったＹ・Ｎケース（高橋ら 1972）は、障害を持つ女性の恋愛と社会参加に関わる事例である。佐藤はこの事例がソーシャルワークを教えるのに適した教材と考えており、4年ゼミでも使用していたと聞いた。この事例は、Ｙ・Ｎさんが成長するなかで様々な関係のなかで葛藤をかかえ、自殺を考えながらも、社会（地）、および自分（図）の意味づけを変えていき、新たに生きていくことを決意した事例である。

これらは、田村の主体的統合過程、岡村の社会関係の主体的側面にみられる、人間は社会から多様に役割を求められ、または何かしらに規定されている存在ではありつつも、そのなかでも自らが主体となって、意味づけをあえてしないことを含めて、図と地を意味づけながら自律的に生きる存在であることを示している。それが意味の世界で生きる人間の特徴であり、佐藤はその意味の世界をソーシャルワークは支援していくのだと言うことが読み取れる。

そして自律的ではあってもその自律は何でもありではなく、社会システムの特徴で見たように社会の一員として共に生きる人間としての価値観を基盤とする人間観を基盤とする。これは佐藤の研究に影響したであろう、田村らと経験した実際の事例に深く関わる経験や岡村の社会関係の主体的側面、Germainらの先行研究との関連も読み取ることが出来る。

③意味の世界の理解と「時間」:「空間」

ただし田村の主体的統合過程も、岡村の社会関係の主体的側面も、人間が一方的に何かを意味づけ、それで固定化されるのではない。つねに社会から何かを要請され、規定されるなかで意味づけもその都度影響され、変化する。人間が主体的に意味づけをおこないながらも完全にコントロールできるわけではない。そこに不確実な「ゆらぎ」がうまれ、その「ゆらぎ」のなかで「あるがままとあるがままでは無くは相即不離」（佐藤 2001：205）となる。

自らに何かしらの影響を与える環境を意味づけることによって、環境の意味が変わり、そのことによって影響される環境もその意味づけが変化し、その結果自らへの意味づけも変わり、また環境の意味づけをおこなわなければならないのである。このように意味の世界では、常に複数のシステムが影響し合う動態的であることを理解することが重要となる。複数のシステムで起きる意味の変容は完全にはコントロールできない。プロセスにおける意味づけや気づきのタイミングの不確実さもある。そのため自らが意味づけていたとしても、図と地の関係は常に固定できず、変容のなかにあるために「ゆらぎ」があり、動態的なのである。その結果、時間、空間概念も重要になるのである。

同じ人と同じ場所にいたとしても、時間の経過は人間に動態的な影響を与える。例えば初めての場所に行くと、どのような場所か分からないので緊張する。そしてそこにいる人達に対しても初めて会う人がいれば緊張する。それは、自分にとっては何をするか分からない人達であり、場所であり、そのため緊張をもたらす空間であり、疲れも大きくなる。ただし時間がたつと場所にも慣れる。何も起こらなければ、同じ空間にいる人達は自分には害のない人達と意味づけが変わり、この場所は安心できる空間になる可能性がある。そうすると疲れの程度は減るかもしれない。さらに時間がたてば、何も起きないことに飽きてきてつまらない空間になることもある。

反対に何か行動しようと思えば、その行動が周囲の人達にもたらす影響とその変化、それに応じた自分自身のあり方の検討が必要となる。そこに個人によって意味の範囲の多様さと、気づきや意味づけの時間による変化が生じる。同じ人が同じ場所にいても、自分自身の意思、時間によって意味づけはその都度変わり、その結果空間のもたらす意味、そして空間への意味づけも変わってくる。

また過去の経験や未来への予測によっても意味づけは変わる。あと何分でここを出られると分かっていれば、我慢する時間と解放される自分が予期できる。反対に初めての場所に慣れない人や、いつ解放されるか分からない人は、その後のことが予期できないので、意味づけはネガティブなものになりやすい。このように同じ場所にいたとしても意味づけは時間の概念に影響を受けやすい。動態的な存在には時間の概念は欠かせない。

空間は、人間に影響を与える環境のシステムの境界の一つである。同じ人間でも家にいるとき、学校にいるときでは環境から受ける影響の内容や強さは変わる。家のなかでも個人の自室にいるときとダイニングにいるとき、学校の中でも教室と校庭にいるときでは、環境からうける影響や強さが変わる。さらに自室にいたとしても、そこに誰かいるのかいないのか、大事なものがあるのか無いのか、急な来訪者があるのか無いのかによって空間の意味は変わる。空間という物理的な境界、及びそこに存在する様々な要素によって与えられる影響が変わるのである。その交互作用の結果としての学校での服装、ダイニングでの服装、自室での服装はその都度意味づけられ、その意味に応じて選ばれる。

このように佐藤があえて「人間：環境：時間：空間の交互作用」とコロンで繋いだのは、人間は「社会性」のなかで多様な社会の要請や規定をうけつつも、「共同性」を前提に時間と空間に影響されながら自律的に意味づけをおこないつづける動態的存在であることを示すためだと考える。

⑶　佐藤の捉える「環境」

①複層的にシステムを捉える視点

人間は時間と空間の影響を受けつつ、「社会性」「共同性」を社会システムの基本的価値観としながら自律的に環境を意味づけし続ける存在であるとした。ここでは佐藤の環境について詳しくみていく。「人間：環境：時間：空間の交互作用」の環境の理解をわかりやすく説明するものとして、佐藤は宮本武蔵の「枯木鳴鵙図」（図１）を用いている（佐藤 2001：203）。

この図は①複層的にシステムを捉える視点、②時間軸による影響、③立場によって見え方が異なる視座をわかりやすく理解することが出来る。

複層的にシステムを捉える視点では、図１で図Cの虫しかみえなければ枝を登る芋虫と捉えられ、危機は感じられない。図Aの水辺と合わせてみると、虫が水辺から波などの影響を受けて溺れずにすむ安全なところに移動し、危機から脱しているようにみえる。ただし図Dのモズも合わせてみた途端に、

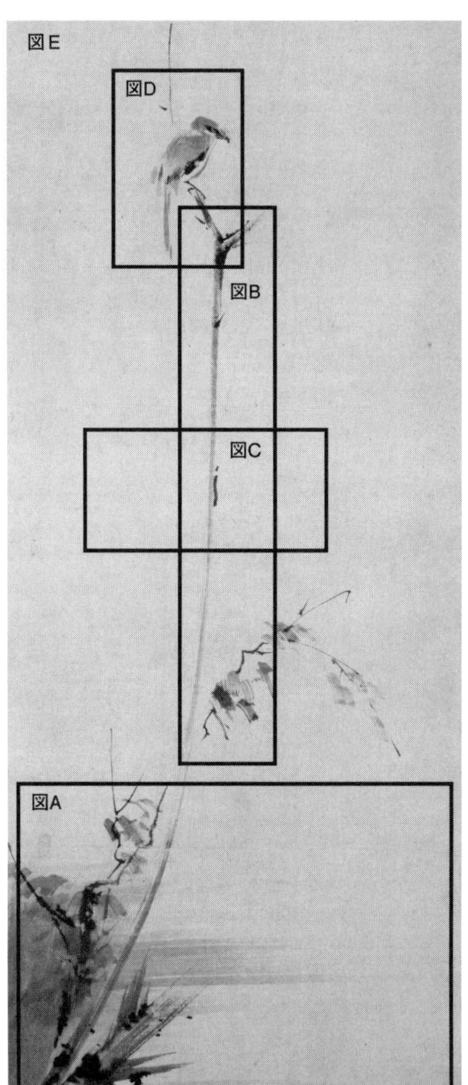

図1　枯木鳴鵙図　https://commons.wikimedia.org/wiki/File:Kobokumeigekizu.jpg?uselang=ja File: Kobokumeigekizu.jpg

虫はモズから襲われる危険があることが理解できる。たとえモズが虫に関心が無くとも、モズが飛び立ったときの震動で図Bの枝が揺れ、虫が水辺に落ちるリスクも出てくる。全体として図Eとしてみれば、虫はかなりの危機にさらされていることが分かる。このように同じ場面をみても、観察するサブシステムや、そのサブシステム同士の関連と影響の捉え方によって、虫の捕らえ方は大きく異なることが分かる。何をみているか、またみているものの関連をどう捉えているかによって見え方が大きく異なるのである。だからこそ全体と要素でみることが大事になる。

児童虐待に置き換えれば、虐待されている子どもが元気なところしかみていなければ、その子どもの深刻な危機に気づくのは難しい。その子どもに自宅等でネガティブな影響を与えている親に気づいたとしても、子どもの所属する学校との関係がうまくできておらず、支援が不十分であったり、間違ったりすると、さらに子どもは居場所や信頼できる大人を失うことでさらに追い込まれる可能性がある。その危険なところから避難させようと一時保護して施設入所を検討する場合にも、逃げた先の環境とのマッチングもある。このようにみている部分によってかなり異なる世界としてみえることが分かる。だからこそ全体（図E）とそれぞれの図の関連を複層的にみていくことが大事になる。

②時間軸による影響

この宮本武蔵の絵は、時間概念の重要性にも気づかせてくれる。この後時間がたてば、枯れ枝はモズの重さによって折れてしまうかもしれない。またモズも虫も疲れて今の態勢を変える、変えざるを得ない可能性がある。モズに飽きが来るかもしれない。このように、この図は今この瞬間の切り抜きであるから静止画であり、時間概念はこの状態がそのまま続くことはない。

またこの図を理解するうえで、虫はいつから枝にいたのか、何を目指して枝に登ったのか、どこから上がったのか、モズはいつからいるのか、今空腹なのか、どのくらい狩りの経験があるのか、枝はいつから枯れていたのか等、この図がここに至るそしてこれからどうなる方向性なのかの時間軸の流れは、この図を理解するうえで重要となる。これは図としての主体となる人間だけで無く、地である環境もその地域や制度の歴史的成り立ち、未来への展望等、時間概念と不可分であることを教えてくれる。

③立場によって見え方が異なる視座

この図は立場によって環境の見え方が変わる、つまり主観的世界でみることの重要性も教えてくれる。モズと虫は同じ場面にいて同じものをみていても、同じように世界がみえているわけではない。虫からみれば枯れ枝は、登るための十分なたくましい枝にみえているが、モズにとっての枯れ枝は、長い時間とどまるだけの強度を備えていない弱い枝にみえる可能性がある。同じ枯れ枝に捕まっていても、それぞれの立場からみれば、枯れ枝は全く違う意味づけがおこなわれるのである。先の虐待の例でいえば、同じ学校に通っていたとしても、その学校という場所はそれぞれにとって意味づけは全く異なる可能性がある。

また芋虫からみえているのは、基本的には自分の登る方向であるうえである。下に水辺があることに気づいているかどうか分からない。同じようにモズも自身の捕まっている枯れ枝が、下の方で裂け目等が出来ているか丈夫なものなのかはみることが出来ないであろう。反対に虫は登ってくる間、枯れ枝の根元の方をみてきた可能性が高い。つまり同じ場面にいるとはいえど、立場によってみえるもの、みえやすいものは異なることを教えてくれる。

つまりこの図はソーシャルワーカーがクライエントだけ視ていても気づけないこと、クライエントにはみえやすく、ほかの立場、ソーシャルワーカーや家族にはみえにくいものがあること、その結果立場によってみえるものが異なることを教えてくれる。

(4) 「人間：環境：時間：空間の交互作用」のソーシャルワーカーの立ち位置

「意味の世界」の理解は経験の理解である。経験の理解を重視する場合に、ソーシャルワーカーはその経験をどの立場から理解するのかが重要となる。わかりやすくいえば、川に溺れている人の経験の世界を理解するときに、橋の上からみるのか、川に飛び込んで共に溺れそうになる立場で見るのかで見え方は大きく異なる。当然溺れている人からみえるソーシャルワーカーの見え方も異なる。

視座という考え方からは、ソーシャルワーカーの立場と当事者の立場とで、立場を変えて行き来すればよいという話になるのかもしれない。ただしその場合に、溺れてないのに溺れている者のみている世界、気持ちが分かるのかという問いがある。これはオートポーエーシスが閉鎖形であるが故に、誤解、混乱を招く論点である。

佐藤はPayneの相互浸透という概念を用いてこの問いに答えようとしている。完全な観察者では無く、支援者とクライエントとしての異なる立場を前提としながら、可能な限り対象者であるクライエントの経験の世界を共有することを目指すのである。専門職としては、専門職として距離をもって観察することも必要だが、その世界に入り込むことも大事なのである。先の話でいうと橋の上から見るだけで無く、川に飛び込んで支援するのである。ただし一緒に溺れてはいけないのである。川にいながらも、支援者として共にもがき、しかしながら支援する立場をもちつづけるのである。一緒に溺れない、支援者としての視点を持ち続けるためにスーパービジョンがある。それを長年私たちに実践してきたのである。

おわりに

ここまで佐藤の教育、研究を詳しくみていくことで、ジェネラリスト・ソーシャルワークの視点である「人間：環境：時間：空間の交互作用」の具体的理解を試みた。対象者の住む個人としての意味の世界を理解し、その意味の世界を共感することを試みながら、同時に自らが専門職として実践することを可能にするという意味で、ソーシャルワークの一般・普遍的な視点といえよう。その意義は、対象者とソーシャルワーカーの相互浸透を可能にするための視点であり、同時に支援者としての境界を保つためにも必要だと考える。

しかしここまで検討してきて、やはり教えていただいたこと「人間：環境：時間：空間の交互作用」が十分にわかっていないことを痛感した。そのために今後以下について検討を続けていきたい。

それは意味の世界を生きる人間存在をどのように支援するかということのブラッシュアップである。そもそも人間存在とはなんぞやは、哲学、社会学等、様々な学問でも完全な答えが出ているわけではない。Luhmannや

Bourdieuの理論を学ぼうとしたが、その理解の基盤すら怪しく、それを実践として説明可能になるまでにはまだまだ不十分である。そしてペインの再起モデルの本質的理解もこれから時間をかけておこなうべきであろう。ここまで佐藤が残してくれた多くの示唆を糧により人間存在を尊重する専門職の人間の捉え方をブラッシュアップしていく必要がある。

佐藤は人間存在とは何か、それを支援するとは何かという哲学的な難題に取り組み、そして教育、研究のなかで多くの業績を残していった。問い自体が難題であり、我々には力不足であることは重々承知であるが、その業績を少しでも継承し、ソーシャルワークの発展に生かせるよう努力をしていきたい。

[参考文献・引用文献]

秋山薊二（2005）「Evidence-bacedソーシャルワークの理念と方法」『ソーシャルワーク研究』31(2)，相川書房，38-46.

Duverger M.（1964）*Methodes des sciences socials*. Universitaires de France Paris.（＝1968, 深瀬忠一・樋口陽一訳『社会学の諸方法』勁草書房.）

Germain, C. B. et al. 小島容子編訳・著（1992）『エコロジカル・ソーシャルワーク』学苑社.

河本英夫（2006）『システム現象学　オートポイエーシスの第4領域』新曜社.

河本英夫（2010）『臨床するオートポイエーシス─体験的世界の変容と再生』青土社.

久保鉱章・佐藤豊道監訳（2006）『ソーシャルワーク記録』相川書房.

新村出編（2008）「思想」『広辞苑 第6版』岩波書店，1235.

Luhmann, N.（1984）*Soziale systeme: Grundri β einer allgmeinen theorie*. Suhrkamp.（＝1995a, 佐藤勉監訳『社会システム論（上）』恒星社恒星閣.）

Luhmann, N.（1984）*Soziale systeme: Grundri β einer allgmeinen theorie*. Suhrkamp.（＝1995b, 佐藤勉監訳『社会システム論（下）』恒星社恒星閣.）

Luhmann, N.（1990）*Essays on self-reference*. Columbia university press.（＝1995c, 土方透・大澤喜信訳『自己言及性について』恒星社恒星閣.）

日本ソーシャルワーカー協会『ソーシャルワーク専門職のグローバル定義』（http://www.jasw.jp/about/global/ 2022年11月3日参照）

中村雄二郎（1992）『臨床の知とは何か』岩波書店.
岡本民夫（2010）「実践的研究方法としての事例研究」岡本民夫・平塚良子編『新しいソーシャルワークの展開』ミネルヴァ書房，28-45.
岡村重夫（1956）『改訂　社会福祉総論』柴田書店.
岡村重夫（1992）「社会福祉と基本的人権」社会保障研究所編『社会福祉―リーディングス日本の社会保障④』有斐閣，3-17.
岡村重夫（1997）『社会福祉原論』全国社会福祉協議会.
太田義弘（1992）『ソーシャルワーク実践とエコシステム』誠信書房.
Payne, M.（1997）*Modern Social Work Theory, 2nd ed.* Macmillan.
Perlman, H. H.（1957）*Social Case Work；a probrem-Soloving Process.* Univ of Cicago.
Randall, L.（2005）Warped Passages. Unraveling the Mysteries of the Universes Hidden Dimensions.（＝2007向山信治・塩原通緒訳『ワープする宇宙　5次元時空の謎を解く』NHK出版.）
佐藤豊道（1984）「社会福祉方法論の基本的視覚」太田義弘・佐藤豊道編『ソーシャルワーク』海声社，15-19.
佐藤豊道（1992）「ソーシャルワークの新しい方向の探求　地球規模の環境問題をめぐって」『ソーシャルワーク研究』17(4)，244-250.
佐藤豊道（2001）『ジェネラリスト・ソーシャルワーク研究―人間：環境：時間：空間の交互作用』川島書店.
佐藤豊道（2002）「1部4章 社会福祉実践研究方法試論」仲村優一・窪田暁子・岡本民夫・太田義弘編『戦後社会福祉の総括と21世紀への展望―4 実践方法と援助技術』ドメス出版，83-105.
佐藤豊道（2013）「原発問題とソーシャルワーク」『ソーシャルワーク研究』39(2)，1.
新保祐光（2004）「個別援助技術の原理・原則」佐藤豊道編『新版　社会福祉援助技術』建帛社，48-55.
新保祐光（2015）「我が師を語る　師思う、心にまさる、師の心　―母港、佐藤豊道」『ソーシャルワーク研究』40-4，70-73.
高橋重弘・天野完司・佐藤豊道（1973）「社会福祉における主体性の問題　研究その2　ファミリー・ケースワークにおける主体性の問題」『東洋大学大学院紀要』第10集，371-398.
田村健二（1969）「社会学における臨床的方法」『東洋大学大学院紀要』第6集，338-321.

田村健二（1971）「インテーク―O. Mケース」日本社会事業学校連盟編『ケースワーク実践の基礎―事例によるケースワーク研究』全国社会福祉協議会，1-22.
田村健二（1973）「社会福祉における主体性の問題　研究その１　統合理論とそのスケール化」『東洋大学大学院紀要』第10集，399-420.
田村健二・高橋重弘（1971）「Y・Nケース（長岡幸子）ケースワーク研究（その２）」『東洋大学大学院紀要』第８集，226-272.
徳永幸子（1984）『「病い」の存在論』地湧社.

ジェネラリスト・ソーシャルワーク実践における「人間：環境：時間：空間」概念の検討

―佐藤豊道のジェネラリスト・ソーシャルワーク理論を手がかりに―

井上　修一

はじめに

佐藤豊道のソーシャルワーク理論の柱は、人間：環境：時間：空間の交互作用である。特に、「時間：空間」概念は佐藤の重要な概念である。「人間：環境：時間：空間」概念は、ソーシャルワーク実践を、統一的・一元的に理解するために開発されたものであるが、その概念の理解と深化はまだ十分とはいえない。「人間」「環境」概念については、ICF（国際生活機能分類）の「個人因子」（その人固有の特徴）と「環境因子」（その人を取り巻く人的・物的な環境すべて）のように、状況を判断する際の手がかりとして我々の思考の中に定着している。また、当事者にとっても状況を冷静にみる際の概念になりえている。一方、「時間：空間」概念は、実践現場で有効に活用しきれていない。本章では、「時間：空間」概念に新たな解釈を加えながら演繹的に現代的有効性を検討する[1)]。

1．ジェネラリスト・ソーシャルワークの視座と特性

ジェネラリスト・ソーシャルワークの視座とは何か。それは、「人間：環境」の交互作用である（佐藤 2001：198)。人間も環境も互いが影響を受け、互いが変化しうる関係であるという見方や概念は、クライエントと共有でき

て初めて深い意味を持つ。ジェネラリストソーシャルワークの特性は、多様な当事者が、問題解決の主体として自らを捉え直していくところにある。その際、「人間：環境：時間：空間」概念は、直面する課題をクライエントが捉え直し、ソーシャルワーカーと共有するための手がかりになる。直面する課題をクライエントとソーシャルワーカーが共有できれば、状況を俯瞰したり、援助を効果的に組み合わせたりすることにつながる。

実践場面において、ソーシャルワーカーとクライエントが同じ言葉をもつことで、状況理解が一気に深まることがある。その可能性を秘めた概念が、「人間：環境：時間：空間」概念だといえる。何が問題か共有でき、状況をできるだけわかりやすい言葉で分析し、解決の方向を見出す。そうした共通理解を促す言葉、概念が、ソーシャルワークに必要だ。「人間：環境：時間：空間」概念は非常にシンプルであるがゆえに、クライエントとの共通言語となり得る。

2．ジェネラリスト・ソーシャルワークにおける「人間：環境：時間：空間」概念

ここでは、ジェネラリスト・ソーシャルワークにおける「人間：環境：時間：空間」概念について確認していく。

(1)　人間（person）

人間とは、福祉サービス利用者本人のことである（佐藤 2001：217）。また、人間は、「現在」に生きているのみではなく、「過去」と「未来」を「現在」のなかに共有している（佐藤 2009a：45）。人間は、単に生命を持つ有機的な物理的実態としてあるだけではなく、その人の抱く、「意味」によって価値付けられている社会―文化的実体である。人間は、広義の「社会関係」を結びつつ有機的な全体像を維持しながら、自然に開かれている（佐藤 2009a：

45)。さらに、人間は物理的世界に住んでいる以上に、意味の世界に住んでいる（佐藤 2009a：46)。これが人間の独自性であり、人間の基本的特質である（佐藤 2009a：45)。ここに人間の主体性の存立基盤がある。人間が他の生理的、物理的開放系と異なるのは、自己を意味づける主体的な存在者であるからである（佐藤 2009a：46)。

自己の存在を意味づける主体的な存在が人間であるがゆえに、我々は迷いのなかに生きている。その人間概念を実践で活かすためには、問題解決のための主体的側面をよりよく主張、発揮できる環境が重要となる。

(2)　環境（environment）

環境とは、利用者の家族も含めて、利用者以外のものすべてをいう（佐藤 2001：217)。佐藤は、リントンの「人間環境とは、他の個人の組織的な集団即ち社会とその集団独自の生活様式即ち文化からなったものである。そして行動の大部分、更に彼の内奥に根ざした情緒的反応でさえも、それを形成するものは実に、個人とこの社会、文化との相互作用に他ならない」という言説を引用しながら、「人間：環境」という一体的な捉え方について触れている（佐藤 2009：49)。また、レヴィンの人間と環境の交互作用の重要性の指摘についてふれながら、福祉サービスを受ける当事者の行動は、専門職ワーカーがどのような人であるかという認知や、福祉サービス利用者が抱く多次元の環境の意味づけによっても異なることを指摘する（佐藤 2009：49)。

「環境」はクライエントを取り巻く人的・物的環境でありながら、文化的な側面をもつ。我々は、自分を取り巻く環境をどのように捉えるかによって、苦しくもなり、頼もしくもなる。そうした意味づけの中心にいるのは、クライエント自信でありながら、援助関係において重要なのは「環境」の意味づけを捉え直させてくれるソーシャルワーカーの存在であろう。

(3)　時間（time）

時間とは、規則的に時を刻む時計のような定量的な側面と、将来の展望のような不確定な時間等、定性的な側面で捉えることができる。佐藤は、ジャーメインが、「時間を組織し、使いこなし、時間に反応する方法としての人間の時間的行動を理解し、環境の時間的構造を理解することにより、実践のさらなる次元や、サービスの配置における展望が開けてくる」との主張を引用し、「時計」の時間、「生物学的」時間、「心理学的」時間、「文化的」時間、「社会的」時間があることや時間概念の重要性について触れている（佐藤 2001：191）。このような時間概念のカテゴリーは、時間をどのように捉え、向き合っていくかにつながる。時間は、絶対的なものではない（佐藤 2001：186-193）。また、どこを基点にとるかによって時間の捉え方が異なる。

人間は生まれたときから時間感覚をもっているわけではない。つまり時間は文化のなかで学習され、経験される。そして、時間は変化を生む。さらに、どのような変化を望むかによって、時間をコントロールすることができる（佐藤 2009a：48）。

実践場面における「時間」は、可視化、計画化され獲得される側面がある。ケアマネジメントにおいても同様である。例えば、施設においては、高齢者のデイサービスで今日のスケジュールを自ら考えてマグネットで貼ったり、障害者がTEACCHプログラム[2)]によって今日の作業を時系列で整理し、ホワイトボードに貼ったイラストの流れから見通しをもって取り組んだりする実践がある。このように、時間を量的、質的側面から捉えたり、計画だててコントロールし、効率化していく実践が行われている。

ソーシャルワーカーとクライエントとの間で時間感覚の共有は重要である。両者の共通認識のいかんによって、「時間」の意味は苦痛にもなれば、楽しみにもなる。いわゆる、感覚的「時間」の共有も重要である。障害者の自立訓練において、自分の目標と結びついた作業時間と感じられるものか、将来と結びつかない単調なものと捉えられるかによっては、時間認識が大きく異なる。

(4)　空間（space）

空間とは、広義に「物理的な広がりをもった大きさのあるもの」とすれば、施設の「生活空間」のような環境と親和性を持った概念に捉えられるが、狭義には、居場所、意味づけ、価値、生活、生活様式、関係性を内包した概念だと考えられる。佐藤は、ボルノウの「体験された空間」という概念を用いながら、ソーシャルワーク実践においては、下記のポイントに着目する必要があるとしている（佐藤 2009a：48）。

「体験されている空間」は、体験している人間の居場所により優越する原点があるとし、「体験されている空間」は価値領域を含み、生活様式の場として生活の諸関係を通して人間により促進的に、また抑制的にも関係すること。「体験されている空間」のどの場所も人間に対してそれぞれの意味をもっていること。空間に対する人間の関係が問題となること。

このように見てくると、空間に対するポイントとして、居場所、意味づけ、価値、生活、生活様式、関係性が浮上してくる。

その１つとしての居場所を手がかりに考えれば、それは、ある行動範囲のなかで、主体性や自分らしさを発揮できる物理的な時間と空間があり、そこでの組織や人間関係において、新たな結びつきや関係の深まりがあるところといえるだろう。このように考えれば、単なる物理的な広がりを持った環境とは異なる意味づけが「空間」の特質と捉えられる。さらに、認知的側面、仮想的側面で考えるとその空間概念の現代的広がりと存在意義が見えてくる。

3．ジェネラリスト・ソーシャルワーク実践における「時間：空間」概念への期待

ソーシャルワークも時代も変わってきている。時代状況がどんどん変化してきているなかで、変わってくるものに対して、ワーカーは、新しい概念装置と、実践の方法技術と、それらを駆使しながらチャレンジしていく。そして、今、この場に置かれた人が何を必要としているのか、自分が行えるのか、それとも他の専門職と連携して組むのか考えていく（佐藤 2002：31）。時代の変化を取り入れたジェネラリスト・ソーシャルワーク実践において、「時間：空間」概念が発展的に活用される場面について検討していきたい。

(1)　VRによる認知症高齢者の思考の共有

アルツハイマー型認知症には、空間認知が障害される症状がある。しかし、その世界はいまだ解明されていない部分が多い。認知症高齢者は、認知機能が障害されているために、目の前の現実とは異なることを主張する場合がある。

我々は、都内の特別養護老人ホームで入居者の生きがい調査を実施した。当事者にインタビューしながら、今の生きがいを尋ねると、予想外の答えが返ってくることがあった。ある女性は、今の生きがいは社交ダンスだという。話を聞いていくと、社交ダンスをしているのは、現実ではなく、その方の想像であった。しかし、過去の記憶や経験を大切にし、その思い出を生きる張り合いにしていることは、素晴らしいことに思えた。このような当事者の思考は、想像はできるが、より鮮明なイメージとして共有することは難しかった。しかし、近年、認知症を疑似体験できる認知症体験VR（Virtual Reality）が開発されている[3)]。認知症体験VRは、認知症の方の世界を体験することにより、援助者と本人をより近づけ、当事者の思考を共有することができる。

VRが進めば、認知症の方の思考を学ぶだけでなく、その方が浸りたい世界を共に映像としてみることも可能かもしれない。その方の大切な写真、思い出の時代をVRのなかで体験・共有できれば、穏やかな日々を過ごす手立てにもなるだろう。例えば、自分の子どもの幼い頃の写真をみて、当時の記憶を楽しんでいるように。このようにクライエントが意味づけた「空間」を共有し、実践場面で活用していければ、援助関係がさらに豊かなものになるだろう。

⑵　ICTによる関係構築と継続

厚生労働省は、2020年5月「高齢者施設等におけるオンラインでの面会の実施について」という通知を出した。そこでは、新型コロナウイルス感染経路の遮断の観点から、緊急やむをえない場合を除き、面会の制限とその代替措置としてオンライン面会（テレビ電話システムやwebアプリのビデオ通話）を促すものであった。実際に導入した社会福祉法人の紹介、さらに、今後導入する法人のためのWi-Fiなどの通信環境整備の補助基金の存在も紹介している。このような通信環境の変化は、一時的なものではなく、コロナ禍がもたらした生活変化として今後も継続していくだろう。

ZoomやLINE等のビデオ通話は、映像と音声を使って、オンライン上で離れた相手と顔を見て話すことができる。また、複数人での同時参加が可能である。こうしたICT（Information and Communication Technology：情報通信技術）の普及は、我々の生活を急激に変えた。特にコロナ禍におけるZoomの活用等、仮想空間の広がりは論を俟たない。

我々は、当事者活動において、対面での活動が制限されたことから、Zoom等の仮想空間を駆使した。時間を超越し、過去の経験を共有し、深い共感を得ることができた。また、東京とドイツ・ハンブルクとでやり取りし、時間と国境を超えた当事者間のつながりを経験した。それを可能にしたのは、仮想空間によるものだった。当事者同士の話し合いは、過去の経験をよみがえらせる。セルフヘルプ・グループの活動において、ICTを活用したつながりの支援が問題解決に貢献していくだろう。

(3)「空間」の主体的利用

援助場面での空間は、援助者が準備し、コントロールする側面もあるが、必ずしもそれだけではない。ASD（自閉スペクトラム症）の方への支援において、音を遮断をしたり、視界をさえぎるような一人用の空間をつくる場合がある。そうした心地よい空間をつくることによって、不快な刺激を遮断して、本人が安定することができる。ASDの方が集団のなかで自分を保つ静かな空間を選んで移動していくように、誰しも心地よい空間を必要とする。その点で、人間は優れて主体的存在である（佐藤 2009b：68)。そうした、本人が持つ主体性を尊重し、発揮できる機会をつくっていくことが実践場面では大切だ。

病院や高齢者施設において、コロナ禍で面会が制限されたり、葬儀さえも制限されるなか、本人と家族等をつなぐチャンネルは欠かせない。ICTの活用は、施設内の当事者が自ら仮想空間に出向くことを可能にした。本人が望む限り、端末を使って自ら空間に入っていけるようにすることが大事だ。

また、入院患者と家族の面会においてもICTが活用された。Zoom等の仮想空間は、本人と家族をつなぐ空間となる。家族の顔を見ながら、遠慮せずに話せる空間が提供できる。離れた孫ともつながることができる。加えて、家族が面会にくることを待つ姿勢から、本人から家族とつながる「ベクトル」を可能にした。Zoom等の仮想空間は、入院患者と家族等をつなぐ方法としても活用できる。ICTを、好きなときに、自由につながれる方法として活用してもよいのではないだろうか。もちろん対面の大事さ、ICTの限界もある。感染症対策、施設と自宅との距離を埋める方法として併用していくことが有効といえよう。

佐藤は、ソーシャルワーカーは、「住まい」を人権の観点から捉え直し、人間として尊厳ある生活の「場」がどのようなものでなければならないかを教示している。さらに、居住条件の快適性の観点から、個々人の「居甲斐（いがい、生きがいのなかでも居住条件の重要性を著す概念）を実感させるために、「人間」と「環境」の交互作用を滋養的にするソーシャルワーク・アプローチが欠かせないとしている（佐藤 2000：61）。在宅に限らず、施設生活や入院生活においても、その場を滋養的にする援助は今後も大事になってくる。

おわりに

ジェネラリスト・ソーシャルワーク実践において「人間：環境：時間：空間」概念はどのようにクライエントに写っているのか。援助関係において共通言語になり得るのか、クライエントが直面する課題を意味づけるのに有効か検討してきた。その結果、佐藤豊道の「人間：環境：時間：空間」概念は、あらゆる領域で適応可能な一般理論（ジェネラル・セオリー）になりうるとの結論に至った。

ソーシャルワークは、「生活」というキーワードを中軸にして、「人間」と「環境」のそれぞれのシステムに、より望ましい変化を意図して介入する（佐藤 1994）。ソーシャルワーカーは、生態学的視座をもって、高齢者や環境の健全的側面に、システム思考を働かせながら、意図的に望ましい変化を引き起こすように介入する（佐藤 2000：59）。改めてその介入がクライエントからみて望ましいものか問うことの重要性を認識した。

ソーシャルワークの思想（利用者主体等）が、具体的な実践の場でそれがスキルとして定着するには時間がかかる（久保 2003：1）。それは、ジェネラリスト・ソーシャルワークの一般理論が、実践の中で有用性を実感されて初めて価値が見出されるからだ。「人間：環境：時間：空間」概念が多様な当事者にとって有効な概念となるには、もう少し時間を要するかもしれない。しかし、大きな可能性を持った概念であることは間違いない。これからも実践のなかで利用者とともにつくりあげた概念と共に歩んでいきたい。

［注］

1）ここでいう「演繹」とは、前提された命題から論理の規則に従って必然的な結論を導きだす思考方法である。ソーシャルワークにおける演繹法の援用では、目標とする望ましい状態を想定、その実現をめざす実践科学であることから、論理的整合性のみによって実践内容や効果を論じることは現実的ではない。むしろ、実践が論理的に展開され、現実世界において意図された結果がもたらされているかどうか、即ち理論と実践の経験的妥当性（empirical validity）を論証することが演繹的な研究にあたる（和気 2009：25）。

2）ASDの子どもは、時間の概念を理解することが難しく、自分から先のことを見通すこと、先を想像することに困難があり、「Here and Now」（いま、ここ）の世界に生きている。そのため、前もって何が起こるか、何をすればいいかがわからないと不安やパニックに陥りがちだ。不安を回避し、安心して学習や作業に取り組むために、「スケジュールを決める」ことが有効と考えられている。また、ASDの子どもは、視覚的な理解の方が得意な場合が多いため、写真やイラストを用いてスケジュールを提示すると理解が容易になる。例えば、イラスト入りの時間割のカードを作り、順番にボードに貼るとこの後するべきことが分かる。終わったら外すというルールにしておくと、先に何が待っているのか、何が終わっているのかがわかり安心して行動ができるようになる。

https://h-navi.jp/column/article/650

3）VR（Virtual Reality）は、「仮想現実」と訳される。ここには「表面的には現実ではないが、本質的には現実」という意味が含まれ、VRによって「限りなく実体験に近い体験が得られる」ということを示す。

凸版印刷株式会社は、認知症への適切な理解促進を目的に、認知症の症状を体験できる「本人体験編」と、認知症のお客さまとの接し方をロールプレイできる「業務応対編」の2つの異なる視点のVR体験を提供するサービス「認知症体験VR」を2020年3月に開発した。「認知症体験VR」の特長として、認知症の本人と接する方の2つの異なる視点をVR体験することで認知症への理解を促進するとともに、「本人体験編」では、認知症の症状の一例として、「レビー小体型認知症」の特徴を体験できる。また、「業務応対編」では金融窓口に認知症の顧客が来店し、社員の案内が理解できずに戸惑いや不信感を抱く様子を忠実に再現した、実際の業務応対において起こりうる事例に即した体験もできる。

https://www.toppan.co.jp/securities/solution/fit2020/others3.html

[参考文献・引用文献]

久保紘章（2003）「利用者からみたソーシャルワーカー」『ソーシャルワーク研究』28(4)，1.

佐藤豊道（1994）「ソーシャルワーク理論における『人間：環境：時間』概念の検討」『ソーシャルワーク研究』20(1)，16-24.

佐藤豊道（1999）「社会福祉基礎構造改革とソーシャルワーク：意義と課題」『ソーシャルワーク研究』25(2)，4-10.

佐藤豊道（2000）「高齢者とソーシャルワーク」『ソーシャルワーク研究』25(4)，56-62.

佐藤豊道（2001）『ジェネラリスト・ソーシャルワーク研究』川島書店.

佐藤豊道（2002）「ジェネラリスト・ソーシャルワークが位置づく可能性」『ソーシャルワーク研究』28(2)，25-32.

佐藤豊道（2009a）「人間：環境：時間：空間の交互作用[1]」『ソーシャルワーク研究』35(1)，45-50.

佐藤豊道（2009b）「人間：環境：時間：空間の交互作用［2，3］」『ソーシャルワーク研究』35(3)，67-73.

和気純子（2009）「ソーシャルワークの演繹的研究方法」『ソーシャルワーク研究』35(2)，25-33.

なじみの関係にもとづいた協働的なアセスメントの体系化に関する試行的考察

―介護福祉実践が陥る単純定型化の検討に関連づけて―

山口　圭

はじめに

2000年に始まった公的介護保険制度では、それまでの措置制度から、利用者とサービス提供事業者が契約によって関係を結ぶようになった。この制度変更により、利用者や家族は自分たちで専門的サービスと契約し、ある程度の質の保たれたサービスを受給することが可能になった。

この一方で、契約制度に基づく援助関係を中心とする介護保険サービスでは、利用者が「消費者」、まさに「消し費やす者」として機能し、サービスの需要が高まり、サービスの供給者の一員である援助者は、疲弊することとなった。

そこで、まず、援助者がこの疲弊をどのように対処しているのかについて、リプスキー（1980）による『ストリート・レベルの官僚制』の知見から検討を行っていく。

1．疲弊する援助者の対処行動

リプスキーは、市民と直接相互交渉し、職務の遂行で実質的な裁量を持つ都市の公共サービスにおける第一線の従事者を「ストリート・レベルの官僚」と呼び、その例として警察官やソーシャルワーカーなどをあげた。そして、公共政策は、議会や行政管理のトップの意向のままに動いているのではなく、混雑したオフィスやストリート・レベルの官僚たちの毎日から内実化されていると指摘した（Lipsky、1980）。

社会資源が日常的に不足しているにもかかわらず、需要が多すぎるため、資源が常に不足し、サービスの供給が追いつかないという職場環境のなかで、ストリート・レベルの官僚は業務に就いている。しかも、この業務の達成ゴールは明確になされておらず、自分自身の業務はやってもやっても終わることがないため、達成感を得ることが難しく、慢性的にストレスフルな状況下に置かれている。

この状況のなかで、ストリート・レベルの官僚のなかには、比較的早い時期にドロップアウトしたり、燃え尽きてしまったりする人もでてくる。一方、職にとどまった人たちは、ストレスに対処するために、いわゆる「お役所仕事」という形式主義に流れ、業務を定型化したり単純化したりするといった工夫を重ねていく。

「お役所仕事」ということばが表すとおり、ストリート・レベルの官僚とは、本来「公務員」を指すものである。しかし、民間非営利組織についても、①慢性的な資源の不足、②クライエントとの直接的相互作用、③公共的な期待によって役割が決められるという点に共通性があることから、「ストリート・レベルの官僚」という分析枠組みを民間NPO非営利組織の第一線の職員を当てはめることが可能である（Steven、1993）。

さらに、このようなリプスキーの知見について、田尾（1995）は、ヒューマン・サービスの組織の分析枠組みとして援用し、援助者と利用者との関係に焦点を絞り、「依存関係の強化や再強化」、「権威の動員と内面化」、「制裁や制裁のほのめかし」、「クライエントの選別」、「たらいまわし」、「クライエントの取り込みと再強化」、「クライエントのカテゴリ化」、「責任転嫁」という援助者によるクライエント支配の構造を明らかにした。

さらに、ストレスフルに対処するヒューマン・サービスに関わる援助者の工夫として、利用者に対して、①多種多様な種別を標準化された少ない種別にまとめ、②おおまかな障害ごとに区分けし、③どのような人、たとえ非常に個性的な人物であっても、すでに用意している標準的なやり方に合致するように、一人ひとりを単純化された人につくりかえ、④いくつかのカテゴリに区分けを行っている、ということを提示した（田尾、1995、2001）。

2．介護福祉実践の定型単純化

上記のリプスキーや田尾の知見に基づきながら、「介護福祉実践の定型単純化」について整理していきたい。

公的介護保険制度が施行され20年あまりが経過している。介護需要は膨らむ一方で、これに応えられる援助者は慢性的に不足している。多くの介護現場では、ただでさえ不足が常態化するだけではなく、離職者も大量に発生する。この離職者の仕事量を現に働いている者たちが負担し、この負担によって、さらなる離職者が増えるという悪循環に陥っている。

このような介護現場で実践する援助者は、慢性的な援助者不足による負担感に加え、介護サービスの質や量はどこまで提供すれば適正なのかはっきりとしたゴールが存在しないという介護の特殊性からもたらされるやるせなさを抱え込みながら業務に従事している。

彼らは、やってもやっても終わることのない業務に遂行し、ゴールが見えないため、達成感を得ることが難しく、慢性的にストレスフルな状況に陥っている。

そして、慢性的なストレスフルに対処するための行動として、業務をできる限り定型化したり、単純化したりするといった工夫を重ねるようになる。

しかも、ストレスフルな状況に慢性的に陥った彼らによる対処行動は、彼らと対象者の間に何かしらの関係がすでに形成されているような過疎などのコミュニティでは起こりにくい。一方で、福祉サービスを利用するときに利用者と援助者がはじめて出会うという都市のような匿名性が高いコミュニティで起こりやすい。

公的介護保険制度下においても、援助者と利用者との関係性が希薄なままでサービスが提供され、しかも、援助者の入れ替わりが頻繁に多いことが特徴である。援助者がその担当する利用者に何の思い入れももたないまま単純に業務を遂行するようになり、結果、利用者の個別性を無視し、利用者を十把一絡げにサービスを提供するようになる。

なぜなら、一人ひとりの利用者にあてる時間が限定されている援助者にとってみれば、多様な広がりのある利用者を単純にまとめていかないと多忙な業務に対処することができないからである。

3．居宅介護支援の単純定型化

介護福祉実践の定型単純化のより具体的な事象について、ここでは、居宅介護支援システムに着目する。

介護支援専門員は、居宅介護支援において、個別性の高い生活課題をもつ脆弱な利用者を単純な生活課題をもつ利用者へと置き換えるために、給付管理を目的としたアセスメントツールを用いて、アセスメントを行う。このアセスメントの結果から、利用者を大雑把にカテゴライズし、定型化された生活課題文例集のなかから、それぞれのカテゴリに応じた生活課題を利用者に当てはめる。

ここで、「生活課題の単純化」とは、「利用者の生活実態や生活障害から個別状況を排除し、標準的なサービスにあわせた生活課題を把握すること」であり、「支援目標・支援計画の定型化」とは、「単純化された生活課題に対応できるようにするために、公的介護保険制度に規定されたサービスのみで実施可能な支援目標と支援計画を作成すること」と定義する。

介護支援専門員は、利用者の障害の形態別に大ざっぱに分類して捉えてしまったり、家族の形態別にパターン化してしまったりすることがある。さらに、このような大ざっぱな把握から、サービスメニューを流れ作業的に組み合わせ、居宅サービス計画を作成してしまうことさえある。

定型化された生活課題には、それに対応する定型化した支援目標・支援計画があらかじめ用意されているため、公的介護保険制度に規定されたサービスのみで実施可能な標準化されたメニューを配分することが可能となる。

このような定型化した支援目標・支援計画をあてはめた居宅サービス計画によって、利用者を一人の人間、その人なりの独自の存在であることを無視し、利用者の尊厳を傷つけてしまう恐れがあるだけではなく、支援の効果が期待されたほどあらわれないという結果を招く。

その後、介護支援専門員は、利用者と支援目標・支援計画の合意形成を行わない（あるいは、表面的な合意形成にとどめた）まま、支援目標・支援計画を実施してしまう。

本来的なケアマネジメントは、個人の生活課題に応じて、効果的に、適切に活用することを目的とされている。特に、公的介護保険導入以前、機械的に、画一的に給付がなされる制度に対して、利用者志向型のケアマネジメントを発揮するケアマネジャーが関わることで、個別的で柔軟なサービスのマネジメントが展開できるものと信じられていた。

しかし、現実には、介護支援専門員による居宅介護支援の中心が介護保険制度に関わる給付管理業務となっているため、ますます個別の生活課題が単純化され無機質的かつ画一的にサービスが決定されている。

4．居宅介護支援システムから排除される利用者

実践の単純化・定型化については、「ケースマネジャーの裁量に依存することなく利用できるサービスの組み合わせの選択肢が決まる」（副田、1997、p.40-41）システム志向モデルの対象となる生活運営能力をもつ利用者の場合、

問題にはならない。

生活運営能力に富んだ利用者は、経済的、社会的に自立した消費者であり、たとえ定型化したサービスを提供されたとしても、自らもつ生活運営能力を発揮し、場合によっては、クレームを申し立てて、定型化したサービスを自らの生活のなかに上手く適合するようにアレンジして位置づけることができるからである。

つまり、自律した高齢者の場合、もしくは、その介護者が自律している場合、彼らは、自らのライフスタイルに適合するように単品化されたサービスをアレンジし、自らの生活の一端に位置づけることが可能である。

一方、脆弱な利用者は、サービスを自らの生活のなかに位置づけることが不可能であるため、サービスが有効に機能しない。

「脆弱な利用者」とは、利用契約制度になじまない人々、すなわち、情報、判断力、能力の点で問題をもつ者である。脆弱性とは、“vulnerability”という言葉で置き換えることができる。“vulnerability”は、「(自分より強い相手や集団に対する）弱さ」、「攻撃誘発性」と訳されることもある。

古川は、「社会的バルネラビリティ」を社会福祉の概念として導入し、「現代社会に特徴的な社会・経済・政治・文化のありようにかかわって、人々の生存（心身の安全や安心)、健康、生活（のよさや質)、尊厳、つながり、シティズンシップ、環境（のよさや質）が脅かされ、あるいはそのおそれのあるような状態にある」(古川、2007、p.5）と定義した。

社会的バルネラビリティという概念の中心に位置するものは、「市民社会の前提となる自助自立の完全行為者であることの難しい人びと、そのなかでもさらに不利益や侵害を受けやすい人びとの存在であり、それらの人びとの置かれている状態」(古川、2006、p.19）であるとした。

認知症高齢者などの脆弱な利用者とって、単品化されたサービスを自らの生活のなかに位置づけることは難しく、サービスが有効に機能せず、生活課題が解決されず、不利益を被ることになる。したがって、脆弱な利用者にとって、生活全体を捉える視点から支援が求められるのである。

しかし、実際には、介護支援専門員は、利用者の価値観が受け入れられなかったり、居宅介護支援の単純化・定型化によって、サービスが有効に機能しなかったりする場合、利用者にその責任を転嫁するという「クライエント概念の修正」を行ってしまう。そして、サービスが有効に機能しない脆弱な利用者を「支援困難な利用者」としてレッテルをはるようになる。つまり、「自らの都合にあわせて、クライエントはこのようであるべきで、そうでないのは受け手の心がけがよくないのだと、勝手に決めつけてしまう」（田尾、1995、pp.137-138）のである。

この支援困難というレッテルが貼られてしまった利用者は、現行の介護保険制度において、民間の事業者からはたらい回しされやすく（金子、2004、p.20）、介護保険制度等のサービスを有効に利用できなくなってしまう、すなわち、居宅介護支援システムから排除されてしまうのである。

5．個別介護計画作成における定型単純化

このような定型単純化は、介護サービス提供システムにおいて援助者が個別援助計画（小さなケアプラン）を作成する際にも起こりうる。

まず、個別性の高い生活課題をもつ利用者を単純な生活課題をもつ利用者へと置き換えるために、援助者によって、「チェック項目による標準化されたアセスメントツール」(「標準化ツール」) を用いて、アセスメントが行われる。

アセスメントの結果から、利用者は大雑把にカテゴライズされ、定型化された生活課題のなかから、それぞれのカテゴリに応じた生活課題が当てはめられる。

この定型化された生活課題には、それに対応する定型化した支援目標・支援計画があらかじめ用意されているため、公的介護保険制度に規定された画一的な手順・方法でサービスが提供されてしまう。

利用者と援助者との希薄な関係のもと、画一的なサービスの充足のみ着目したサービスが提供され、利用者およびこの家族と共有する目標がまったく見えない支援が展開されるようになる。法規等に定められた基準さえ守れば、その具体的な質は問われなくなる。

6．利用者の生活課題の定型単純化を促す標準化ツール

最近、公的介護保険制度下において、「科学的介護」の取り組みが打ち出されるようになった。この取り組みは、ITによって収集され蓄積された膨大なデータを活用する介護によって、介護保険サービスを利用する人の自立を促すこと、さらに、援助者不足にあえぐ介護現場の効率化を図ることを目的としている。

一方において、このような科学的介護の取り組みによって、介護の標準化がさらに促され、これまで以上に介護サービスの画一化を招く恐れがある。

そこで、科学的介護の取り組みが行われようとするなかであっても、利用者のもつ個別で多様な生活課題を尊重できる介護福祉実践が展開できるようにするため、以下、サービス提供システムでの「科学的介護」に用いられる標準化ツールについて着目する。

標準化ツールは、まず要介護認定で用いられ、居宅サービスの場合、このアセスメント結果が介護支援専門員が作成する居宅サービス計画（大きなケアプラン）に活用されるとともに、この居宅サービス計画に基づく個別援助計画（小さなケアプラン）にも取り入れられている。また、施設サービスの場合においても、施設サービス計画（小さなケアプラン）に反映されている。

(1) 本来的な目的を失うアセスメント

標準化ツールは、項目が定式化しているため、効率的に埋めればよく、利用者との援助関係が十分に形成されていなくともアセスメントが行えてしま

う。

本来、アセスメントとは、援助過程の始めの局面として位置づけられているものの、実際には単独で存在するのではなく、過程の各局面と連動しながら存在するものである。

初期のアセスメントでは、情報の収集が行われるが、本格的な情報の収集の前にまずは援助関係を形成することを目指す。情報収集を行う際にも、援助関係を作ることを優先し、関係を維持し、さらに発展できるように質問の一つひとつに気を配る。課題に直接関連した質問をするよりも、利用者にとって答えやすい質問を行う。利用者の話をじっくり聴くことによって援助関係を形成しようと試みる。利用者との間に徐々に関係が築かれ、情報収集が行えるようになっても、利用者に不信感を与え、関係を壊す行為は控えるようにする。

アセスメントは、そのものが一つの援助として位置づけられる。情報収集や関係づくりから発展して、利用者の抱える課題について、じっくりと時間をかけて利用者の語りを聴き、援助者と利用者との対話のプロセスから両者が一緒になって生活課題をようやく明らかにすることができる。

しかし、標準化ツールを用いることによって、効率的なアセスメントが行われ、このようなアセスメントの本来的な目的は失われてしまう恐れがある。

(2) 標準化ツールからこぼれる情報や文脈

標準化ツールは、利用者の健康やADL等の「機能」に問題に焦点を合わせ、項目化することにその特徴がある（藤園、2002、p. 74）。客観的に把握できる事象がチェック項目方式の項目に並んでおり、これらは、統計的処理が可能である定量的な調査項目である。

また、アセスメントを実施する際、経験の浅い援助者の場合、アセスメントに関連する知識が不足することもあるが、この標準化ツールにある「細分化され機能化された項目」（若松、1996、p. 68）を用いることによって、知識不足を補うことができる。

これは、「細分化され機能化された項目」について網羅的に情報を収集することによって、観察するポイントを一定にできるからである。

網羅的に情報を収集することによって、経験を積んだ援助者に散見されるような属人的な技法を排除することも可能であり、根拠に基づいたアセスメントが実施されるようになる。

一方で、定量的な調査項目では、情報収集や分析が困難な場合もある。客観的な生活課題は抽出されるものの、そのなかで本人の主体的な意思が削られてしまう。

生活課題の主体的な解決者は利用者自身である。標準的なツールによって、この主体性が排除され、生活課題を一方的に規定されてしまうのである。

標準化ツールには、利用者を取り巻く環境に関する情報について項目が立てられているものの、援助者が収集した情報のなかには、「細分化され機能化された項目」に落とせないこともある。

例えば、利用者の家庭で行われている家事は、その家族独特の方法がとられていることが多く、一般的な項目では対応できない。つまり、利用者を取り巻く環境は一定ではないため、標準化しづらく、項目化することができないものが多い。

さらに、標準化ツールでは一般的で網羅的な情報を把握する必要があることから、おおよその利用者にあてはまるようにするために、調査項目は普遍的である。また、項目は、細分化され、機能化されているため相互の関連性を失っている。利用者の生活全体における文脈のなかで、情報を理解することができなくなっている。

一人ひとりの利用者の持つ個別性や独自性を排除し、しかも標準化された情報の分析によって、利用者のもつ生活全体の文脈のなかで位置づけられた生活課題を抽出することが困難になってしまう。

7．個別多様性を尊重するための「なじみの関係」の構築

(1) なじみの関係

利用者の生活課題の定型単純化に対抗し、利用者の個別多様性を尊重した生活課題の把握を取り戻すために、契約制度に基づく関係とは異なる関係づくりからの援助関係を構築する概念とした「なじみの関係」を土台としたアセスメントのあり方に着目することにする。

「なじみ」は、公的介護保険制度において、小規模多機能型居宅介護が打ち出された際に用いられた用語である。

地域密着型サービスは、「通い」、「訪問」、「泊まり」という３つのどのサービスを利用したとしても、利用者のことをよく知っている「なじみ」の援助者によって支援が受けられるという特徴をもつ。

ただし、公的制度のなかに、「なじみ」という用語を取り入れたことは注目に値するが、用語自体の概念が不明瞭であり、現在においても、地域に密着した利点を生かした、サービスを提供が位置づけられていないままである。

これまで介護福祉実践の研究において、「なじみ」は1990年代頃からで登場し、心理学的な「記憶」の「再生」や「形成」から検討などが行われているものの援助者と利用者との間の関係性において「なじみ」に関する検討はほとんど検討されてこなかった。したがって、「なじみの関係」を活用した支援には関心が向けられず、ほとんど理論化がなされていないのが現状である。

一方で、「なじみの関係」を考える上で、六車（2012）による提起は極めて有用である。すなわち、六車は、「介護される側に立って考えたとき、非対称的な関係が介護の現場で固定化されてしまうことに私は、少なからず不安を覚える」とし、ライフストーリーの聞き書きを活用し、利用者が介護を「さ

れる側」に固定化されるのではなく「教えてあげる側」になるという関係性をもてるように支援するとしている。

そこで、本稿では、「なじみの関係」を、援助者が一方的に支援を提供し、その支援を利用者が一方的に消し費やすのではなく、両者が「お互いさま」という新たな関係性の視座から、お互いに利を得る関係であると定義する。

⑵　個別多様化と個別最適化

利用者は、一人の個人として迎えられ、対応してほしいという欲求をもっている。一人ひとりの利用者は、それぞれの異なった身体的状況、心理的状況、社会的状況のなかに存在し、さらには、ユニークな人生経験にもとづく独自性をもった個人であるとして迎えられる権利をもっている。どのような利用者であっても個人として尊重されるべきであるということを示すとともに、その人らしさを認め、その人に最もあった支援を展開していくという「個別化の原則」は、「バイスティックによる７原則」にあるように社会福祉実践における価値において核心となるものである。

さらに、人間は一人ひとり名前も顔も違うように、利用者は、それぞれが個別性をもった存在であり、一人ひとりの利用者の生活は、その生活環境においても、また、そのライフストーリーにおいても多様になっており、現代社会において「多様性」も尊重されるべきものである。「個別多様化」は、社会福祉実践において常に希求されてきたものである。

ところで、近年、「個別多様化」に類似することばとして、「個別最適化」がしばしば用いられるようになった。

例えば、教育の分野において、文部科学省がギガスクール構想のもと次世代の教育スタイルとして打ち出した「個別最適化」とは、「多様な子どもの一人ひとりの個性や置かれている状況に最適な学びを可能にしていく」（文部科学省、2019、p.4）ことをいう。

つまり、一人ひとりの子どもの学習履歴が集積され、ビッグデータが形成され、このデータをAIの技術によって活用し、その個人にとっての最適な教育プログラムが提供されるものである。

個別最適化は革新的な教育スタイルではあるとされるものの、一方において、これまでのような学習とは本質的に変わりがないとの指摘もなされている。つまり、提供される教育プログラムは、繰り返し学習や情報や知識の獲得や浅い理解の効率的な習得を得意とするものの、「情報や知識を活用して問題解決を行ったり、その知識に対して批判的思考を行ったり、探求的な思考を発展させる学びには有効ではない」（佐藤学、2021、p.50）のである。

このような批判的思考や探求的思考による学びに対して、佐藤学（2021）は顔と顔をつきあわせて行う「協同的」学びが有効であるとした。さらに、この「協同的」学びを児童生徒同士の「聴き合う関係」に基づくものであるとした。

ここまでの内容を踏まえ、「個別多様化」を尊重する実践について、利用者と援助者との「なじみの関係」を土台とし、両者が協働してそれぞれの利用者の支援目標を創造していくものとする。

一人ひとり支援目標は、たとえ同じADL自立であっても異なるものである。例えば、「歩ける」というADL自立であってもそれぞれの利用者によって、「これまで通り家長としてお盆・正月の墓参りの務めを果たしたい」であるとか、「孫の結婚式に出たい」であるとか、「昔の仲間と碁会所で囲碁を打ちたい」とかいった多種多様で個別性に富んだ支援目標が設定される。

ADL自立はあくまでも手段にしか過ぎない。利用者は、何らかの支援目標に向かってこの手段を使っていく。ADL自立は目標を実現するための1つの手段なのである。

両者が関係を形成するプロセスを通して、対話や観察によるアセスメントの情報が少しずつ積み重なっていく。この中で、生活全体が向上していく鍵となる情報を見つけ出していく。そして、この鍵となる情報をもとに、両者によって支援目標を設定していく。

このような支援目標は、誰か、もしくは、AIによって、一方的に押し付けられたものでなく、利用者と援助者が協働して時間を丁寧にかけて創りあげ、かつ、利用者自身が納得したものなのである。

8．個別多様性のある支援目標を創出するためのアセスメント

個別多様性のある支援目標を創出するためのアセスメントについて、筆者が援助者に実施したインタビューから得た知見（山口、2009a・2009b）を手がかりにすることによって考察を試みことにする。

(1)「なじみの関係」を基盤とするアセスメント

利用者の多様なライフストーリーを聴くことは、「なじみの関係」を構築するきっかけとなる。ライフストーリーとは、「その人生で意味があると思っていることについて選択的に」語られた「個人が歩んできた自分の人生についての個人の語るストーリー」である（桜井、2002、p.60）。利用者の人生全体を理解することを通して、利用者の主観的な世界を理解することを目的としており、客観的に生活史を把握するライフヒストリーとは区別されるものである。

ライフストーリーを聴くことは、援助者が、利用者を「個別的な『意味の世界』を主体的に生きる自律的存在者として」（佐藤豊道、2001、p.167）捉えることを尊重することである。この点について、ジャーメインとギッターマン（1996、p.106）は、援助初期から継続的に援助者と利用者の協同性を働きかけるものとして評価している。

このようにライフストーリーを聴くことを通して、「なじみの関係」が築かれていく。関係が形成されるにつれて、援助者は様々な援助技法を駆使することによって、利用者の日常的な生活が把握され、生活障害の状況が明らかになっていく。

窪田は、利用者の生活実態と生活障害を明らかにするための生活状況アセスメントのための臨床的面接について、援助者にとって、「生活状況の具体的なイメージ」を与える機会になるとともに、利用者にとっても、自分の生活に関心を示す援助者の面接によって、自らの「日常生活を見直し，生活の質の向上の課題と援助を必要としている領域を認識する得難い機会」となることを指摘している（窪田、1991、p.57）。

すなわち、「なじみの関係」を基盤とするアセスメントは、援助者が利用者の生活実態や生活障害を一方的に把握するものではなく、利用者と一緒になって明らかしていくという積極的なかかわりなのである。

(2)　生活全体を捉える文脈を把握するための定性的な調査技法の体系化

アセスメント局面において、援助者は、利用者のもと訪ねることによって、全般的な観察を行いながら、利用者やその家族から主訴を聴いていく。その主訴を手がかりとし、全体像を浮かびあがらせるために利用者や家族への様々な技法を用いていく。

アセスメントでは、客観的な情報だけではなく主観的な情報を収集し、徐々に焦点を絞りこむ。複雑に絡み合っている要因を明らかにし、生活全体の文脈のなかで生活課題を抽出する。複数の生活課題がある場合は、その関連を考えながら、援助を組み立てていく。

この一連の行為は、直線的には進むものではない。らせん状に進み、「人間の営みのコンテキストをなるべく壊さないような手続きで研究する手法」（箕浦、1999、p.4）に沿って行われる。

様々な技法を活用した生活場面面接のなかで、単に生活課題の抽出だけではなく、利用者の日常的な生活が把握され、利用者の世界に近づくことができる。利用者の生活世界を尊重しながらアセスメントによって得られる情報は、定量的なものだけではなく、定性的なものも多い。当然、定性的な情報は標準化ツールの項目には反映することが難しい。

援助者は、情報を収集し、そのなかで直接的に必要な情報、間接的に必要な情報、現在はあまり必要のない情報等の整理を行っていく。どの情報を選択し、分析するかは、それぞれのケースのもつ個別的な状況に応じて視座が変化する。蓄積された情報は、分類され、関連づけられ、構造化され、必要があれば、再び情報が収集され、分析が進んでいく。情報と情報を関連づけ構造化することによって、ようやく生活課題が把握される。

かつて筆者の行った援助者へのインタビュー調査（山口、2009a・2009b）においても、情報を構造化していく援助者の分析方法は、データに根ざした理論を開発する定性的なフィールドの調査技法に沿ったものである（Lofland & Lofland、1995）ことが推察された。

しかも経験を積んだ援助者ほど、全体的な視点から仮説的な問いを立て、全体と部分の往復のなかから、一人ひとりの利用者に応じてアセスメントの焦点を絞る技法を用いていることが多かった。

ただし、このような定性的な技法を体系的に学んでいる援助者はほとんど存在しない。多くの援助者にとって経験的に身につけたものであった。しかも、経験的に身についた技法を意識的に用いているわけでもなかった。あくまでも属人的な「技」であるため、「技」によって得たアセスメント結果が個別多様な生活課題を把握するための「根拠」として活用されていないことが実情であった。

おわりに

本稿では、介護福祉実践における居宅介護支援システム、および、サービス提供システムにおける定型単純化を取り上げて検討を行った。さらに、定型単純化に対抗するための手段としての「なじみの関係」という利用者と援助者による協働的な取り組み、および、定性的な調査技法の体系化という２つの案について提起した。

今後も「利用者と援助者によるなじみの関係にもとづく協働的なアセスメントの構築」という研究課題に取り組んでいく所存である。

[引用・参考文献]

Duner, Anna. & Nordstrom, Monica. (2006) The discretion and power of street-level bureaucrats: an example from Swedish municipal eldercare, European Journal of Social Work, 9(4), December 2006, pp.425-444.

Emerson, Robert M., Fretz, Rachel I. & Shaw, Linda L. (1995) Writing ethnographic fieldnotes, University of Chicago Press. (エマーソン, R. M.・フレッツ, R. I. ショウ, L. L.(佐藤郁哉・好井裕明・山田富秋訳) (1998)『方法としてのフィールドノート―現地取材から物語作成まで』新曜社.)

Evans, Tony. & Harris, John. (2004) Street-Level Bureaucracy: Social Work and the (Exaggerated) Death of Discretion, British Journal of Social Work, Volume 34, Number 6, pp.871-895.

藤園秀信 (2002)「介護支援サービスにおけるニーズ・アセスメントの枠組み試論」『中部学院大学・中部学院大学短期大学部研究紀要』№3, pp.69-78.

古川孝順 (2006)「格差・不平等社会と社会福祉―多様な生活困難への対応 (特集「格差社会」における社会福祉の意義・役割)」『社会福祉研究』97, pp.15-24 .

古川孝順 (2007)「総論」仲村優一・一番ケ瀬康子・右田紀久恵監修　岡本民夫・田端光美・濱野一郎ほか編『エンサイクロペディア社会福祉学』中央法規出版, pp. 2-7.

Germain, C. B. & Gitterman, A. (1996) The life model of social work practice : advances in theory & practice-2nd ed., Columbia University Press.

橋本泰子 (2003)「ケアマネジメントによる直接援助」福祉士養成講座編集委員会編『社会福祉援助技術論Ⅱ』中央法規, pp.316-352 .

岩間伸之 (1999)「ソーシャルワークにおける質的評価法としての事例研究」『大阪市立大学生活科学部紀要』№47, pp.191-202.

岩間伸之 (2001)「ソーシャルワークにおけるアセスメント技法としての面接」『ソーシャルワーク研究』26(4), pp.11-16.

金子努 (2004)『高齢者ケア改革とソーシャルワークⅡ　ケアマネジメントの批判的検討とソーシャルワークの課題』久美.

Kemp, Susan P., Whittaker, James K. & Tracy, Elizabeth M. (1997) Personenvironment practice : the social ecology of interpersonal helping, Aldine de Gruyter.（ケンプ, S, P.・ウィンタカー, J, K.・トレーシー, E, M.（横山譲・北島英治・久保美紀・湯浅典人・石河久美子訳）（2000）『人―環境のソーシャルワーク実践―対人援助の社会生態学』川島書店.）

喜多祐荘（2005）『痴呆性高齢者の記憶再生による生活共生の援助技術』（平成14年～平成16年度科学研究基盤研究成果報告書）.

喜多祐荘（2007）『認知症の人との馴染みの関係をつくる』（平成16年～平成18年度財団法人みずほ教育福祉財団女性研究）.

窪田暁子（1991）「食事状況に関するアセスメント面接の生まれるまで―実態把握と理解の臨床的面接」『生活問題研究』vol.3, pp.55-80.

Lipsky, Michael.（1980）Street-level bureaucracy : dilemmas of the individual in public services, Russell Sage Foundation.（マイケル・リプスキー〈田尾雅夫訳〉（1986）『行政サービスのディレンマ：ストリート・レベルの官僚制』木鐸社.）

Lofland, John & Lofland, Lyn H.（1995）Analyzing social settings : a guide to qualitative observation and analysis - 3rd ed., Wadsworth（ロフランド, J.・ロフランド, L.（進藤雄三, 宝月誠訳）（1997）『社会状況の分析　―質的観察と分析の方法』恒星社厚生閣.）

松岡敦子（2001）「アセスメントにおける技法とツールの意味」『ソーシャルワーク研究』26(4), pp.4-10.

Milner, Judith. & O'Byrne, Patrick.（1998）Assessment in social work, Macmillan.（ミルナー, J.・オルバーン, P.（杉本敏夫・津田耕一監訳）（2001）『ソーシャルワーク・アセスメント―利用者の理解と問題の把握』ミネルヴァ書房.）

箕浦康子（1999）『フィールドワークの技法と実際―マイクロ・エスノフラフィー入門』ミネルヴァ書房.

文部科学省（2019）『新時代の学びを支える先端技術活用推進方策（最終まとめ）』.

六車由実（2006）『驚きの介護民族学』医学書院.

Reamer, Frederic G.（1999）Social work values and ethics, Columbia University Press.（＝2001, 秋山智久監訳『ソーシャルワークの価値と倫理』中央法規.）

桜井厚（2002）『インタビューの社会学―ライフストーリーの聞き方』せりか書房.

佐藤郁哉（1992）『フィールドワーク―書を持って街へ出よう』新曜社.

佐藤郁哉（2002）『フィールドワークの技法―問いを育てる，仮説をきたえる』新曜社.

佐藤学（2012）「協同的学びによる授業改革」『学校を改革する』岩波書店, pp.25-37.

佐藤学（2021）「ICT教育の現在と未来」『第四次産業革命と教育の未来』岩波書店,

pp.41-54.

佐藤豊道（1998）『介護福祉のための記録15講』中央法規.

佐藤豊道（2001）『ジェネラリスト・ソーシャルワーク研究』川島書店.

佐藤豊道（2002）「口述の生活史研究法」『ソーシャルワーク研究』27(4), pp.35-40.

嶌末憲子・小嶋章吾（2000）「ケアマネジメントにおけるアセスメントツールの比較検討―ケアワークの視点から」『介護福祉学』5(1), pp.58-72.

Smith, Steven, Rathgeb. and Lipsky, Michael. (1993) Nonprofits for hire : the welfare state in the age of contracting, Harvard University Press.

田尾雅夫（1995）『ヒューマン・サービスの組織：医療・保健・福祉における経営管理』法律文化社.

田尾雅夫（2001）『ヒューマン・サービスの経営：超高齢社会を生き抜くために』白桃書房.

山口圭（2009a）「ソーシャルワーク・アセスメントのプロセスが結果に反映されない要因」『聖学院大学論叢』21 (3), pp.307-320.

山口圭（2009b）「ソーシャルワークの基本的技法とチェック項目方式によるアセスメントツールの乖離」『聖学院大学論叢』22(1), pp.93-104.

山口圭（2014）「ケアマネジメント・システムから排除される利用者―先行研究の整理を通じた考察―」『聖学院大学論叢』26(1), pp.155-165.

山口由美・山口圭（2019）「利用者と援助者との「なじみの関係」を形成する場としての認知症カフェ」『十文字学園女子大学紀要』50, pp.99-108.

若松利昭（1996）「援助システムの人間化」川田誉音・大野勇夫・牧野忠康ほか編『社会福祉援助方法論』みらい, pp.62-76.

第２章　事例検討編

「人間：環境：時間：空間の交互作用」のソーシャルワーク実践

―佐藤豊道のスーパーバイザーとしての助言の構造化―

久保田　純

はじめに

佐藤豊道は長年ソーシャルワーク理論の体系化を目指した優れた実績を残してきた。佐藤の最大の功績とも言える単著『ジェネラリスト・ソーシャルワーク研究　人間：環境：時間：空間の交互作用』（佐藤 2001）を見てもそれは明らかである。『ジェネラリスト・ソーシャルワーク研究』においては、当時の国外・国内問わずあまねくソーシャルワークに関する理論的研究が網羅され、それらを体系化した上で、それらの体系化されたソーシャルワーク理論を佐藤のソーシャルワーク理論の中核的概念である「人間：環境：時間：空間の交互作用」に集約をしながら理論生成を行なっている。この功績は現代のソーシャルワーク研究に多大な影響を与えていると言える。それ故、佐藤は一般的にはソーシャルワーク理論の研究者であると一般的には認知されている。

一方で佐藤は「ソーシャルワーク実践」に対しても強いこだわりを持っていた。それは佐藤が大学時代に実践家としても名高い田村健二氏を師事したことや、佐藤の経歴が精神医療領域のソーシャルワーカーからスタートしていることからの影響が強いと考えられる。東洋大学で教鞭をふるった田村健二は研究者である傍ら、常にソーシャルワーク実践現場にコミットし、妻である満喜枝氏とともに生活課題を抱えた様々なクライエントに対してソーシャルワーク実践を行ない、加えて自宅に数多くの現場のソーシャルワーカーを招き入れ、日々スーパーバイズを行なっていた[1)]と言う。若き日の佐藤は田村健二に師事しながら、田村健二・満喜枝夫婦が現場のソーシャルワーカーに対してスーパーバイズを実践する現場に多く立ち合っており、後年「それは素晴らしいスーパーバイズだった」と語っている。このような経験や実践現場でのソーシャルワーカーの経験の積み重ねから、佐藤は「ソーシャルワークとは実践ありきであり、常に理論研究においても実践との関係性がなければ意味がない」との考えを持っており、佐藤から長年教えを乞うてきた筆者は常日頃からその言葉を投げかけられてきた。

そのような佐藤が「ソーシャルワーク実践」と多く交わった場面が、佐藤自身の「スーパービジョンにおけるスーパーバイザー」としての実践である。本稿の研究対象である「ソーシャルワーク実践研究会」[2)]（以下、SWP研究会と表記）を始めとして、佐藤は実践現場を離れ研究者として理論研究を進めていく傍ら、数多くのソーシャルワーク実践にスーパーバイザーとして関わり続けた。

理論研究者の第一人者である佐藤が、スーパーバイザーとして実践に触れる時、それはまさに「実践と理論が融合」する場面であったと言える。佐藤の具体的な個別の事例に対してのスーパーバイザーとして活動は他の書籍[3)]や本書の別な章に譲るとして、本稿では佐藤がスーパーバイザーとして参加したSWP研究会の場において、佐藤が様々な個別の実践事例に触れるなかでスーパーバイジーに語った「助言」に着目し、それらの数多くの「助言」を構造化し、佐藤の「人間：環境：時間：空間の交互作用」と関連づけながら考察することで、ソーシャルワーク実践と佐藤の「人間：環境：時間：空間の交互作用」概念の循環的な構造を明示することを目的とする。

1．本稿におけるスーパービジョンの定義と研究の意義

(1) 大学における職場外スーパービジョン

ソーシャルワークにおけるスーパービジョンとは、「熟練ワーカー（スーパーバイザー）が未熟練ワーカー（スーパーバイジー）の職務遂行能力を向上させるために、管理的機能、教育的機能、支持的機能を果たして、個別的、集団的に助言指導や教育訓練を行なうこと」（佐藤 2001：236）とされる。

このソーシャルワークにおけるスーパービジョンの意義に関して、Kadushin と Harkness（2009）はソーシャルワークの「サービス提供パターンの性質、かかわる問題、サービス対象者であるクライエントたち、そしてソーシャルワーカーの特性といったような、専門職の特徴的な側面」（Kadushin & Harkness = 2016：34）をあげている。「（ソーシャルワーク実践が）定型ではなく、標準化もされず、予測もできないが、高度に個別化された特徴をもつ」（Kadushin & Harkness = 2016：38）ために、密室性を回避し（管理的機能）、ソーシャルワーカーの成長を促し（教育的機能）、さらに「クライエントを援助する主な道具はソーシャルワーカー自身であること」（Kadushin & Harkness = 2016：43）からソーシャルワーカーが心理的なストレスに苛まれることも多くあり、心理的サポートとしての側面（支持的機能）の重要性もあるとしている。

またソーシャルワークにおけるスーパービジョンは、職場内スーパービジョンと職場外スーパービジョンに大別される。村田（2010）は、スーパービジョンはサービス提供モデルをそのまま反映する立場と、個別の領域に限定されないさまざまなサービスモデルに共通するものがあるとする立場があるとし、前者が主に職場内スーパービジョン、後者が主に職場外スーパービジョンが担うとしている。そして現在の日本においては前者である職場内

スーパービジョンである施設運営を第一の目的とした職務上の指導・監督・管理的なスーパービジョンがほとんどであるため、スーパービジョンの「管理的機能」「教育的機能」に焦点化されることが多く、本来もっとも重要と考えられる「支持的機能」が意識されたスーパービジョンが少ないと指摘している。

加えて小原（2018）はスーパービジョンを職場内・外と同質性・異質性の４軸構造で分類し、このなかの職場外・同質性スーパービジョンにおいては「同じ教育的バックグランドを持っているので、相違性より類似性に価値をおくということでは、専門職アイデンティティの強化に寄与ができ、専門性の伝承に効果的」（小原 2018：160）としている。そのため「管理的側面より、教育的側面、支持的側面なスーパービジョン機能が発揮できよう」（小原 2018：160）とし、同質性を担保した上での職場外スーパービジョンの必要性について言及している。

このような職場外スーパービジョンに関して、山口（2011）は自らが立ち上げた外部スーパービジョン機関である「ソーシャルワーク・サポートセンター名古屋」でのスーパービジョン実践を分析している。そのなかで職場外スーパービジョンの効果として、「職場での抑制から解放され、自らの実践を振りかえって気づきを得る機会を構造化されることにより、スーパーバイジーの内面と実践に変化をもたらし、深く自己を見つめるまなざしを涵養するとともに、専門職としての意識を高め、視野を広げることに寄与する」（山口 2011：74）ことが可能になるとしており、職場外スーパービジョンの有用性に関して明らかにしている。

さらに宇都宮（2004）は同質性を担保した職場外スーパービジョンの場として、学部生が大学卒業後に継続的に教員にスーパーバイズを受ける場について言及している。実際に宇都宮自身が指導した卒業生を対象に職場外スーパービジョンを実施し、そのスーパーバイズを受けたソーシャルワーカーの意識の変容を分析するなかで、大学で指導をした教員が引き続き外部スーパーバイザーとしてかかわることの意義として、「学部と卒業教育に一貫性があり、継続したスーパービジョンを実施することで、理論と実践、実践と理論との間を行きつ戻りつしながら専門性を高めていく」（宇都宮 2004：49）ことが可能となるとしている。

一方で渡部（2018）は職場外スーパービジョンの課題として、「（スーパーバイザーが）バイジーが働いている組織の構造や規則等に関する理解が不十分である事と、組織に直接関わることができない事」（渡部 2018：16）をあげている。その上で「職場外バイザーは、バイジーが直面している組織関連課題に対し直接影響を与えることができないが、バイジー自身がその課題とどう向き合っていけるか話し合い、間接的な支援をすることは必要であろう」（渡部 2018：16）と職場外スーパーバイズの留保条件について指摘している。

Kadushin と Harkness が指摘したように不確実でかつ予測不可能な場面での活動が多くなるソーシャルワーク実践では、「管理的機能」「教育的機能」「支持的機能」を果たすスーパービジョンは必須であり、さらにそのなかでも「支持的機能」の効果を上げるためには、組織に直接働きかけることは困難であるものの、職場外スーパービジョンが有効であると考えられる。加えて、そのような職場外スーパービジョンを、ソーシャルワークを学んだ大学で卒業後に継続的に受けることにより、スーパーバイジーは「理論と実践」を融合させた専門性の獲得が可能になると言える。

本稿の研究対象となるSWP研究会は同じ大学の卒業生を対象とした職場外スーパービジョンの場であり、加えて卒業生の就職先は多様な分野であったことから、個別の領域に特定されない佐藤の専門領域であるジェネラリスト・ソーシャルワーク理論を基軸とした議論が可能となっていたと言える。さらに佐藤からソーシャルワーク教育を受けてきた卒業生が継続的に同質性を保って佐藤からのスーパーバイズを受けることによって、「教育的機能」と「支持的機能」に特化したスーパービジョンの場として機能する場であったと考えられる。

(2)　スーパービジョンにおけるスーパーバイザー

スーパービジョンにおけるスーパーバイザーの役割は、「スーパーバイジーのレベルに十分視野に入れながら、それを尊重しつつ、肯定的、支持的に働きかけながら、時には自己覚知を促進して、スーパーバイジーが主体的に問題を解決できる能力を育成していく」（佐藤 2001：237）とされる。さらに実際のスーパービジョンの場面においては、「（スーパーバイザーは）スーパーバイジーが利用者の感情の次元を尊重しつつ、それを受容・共感できているか、適切なサービスを利用者に提供しえているか、ケース全体の過程を適確に認知、評価できているか等々について、スーパーバイジーと共に検討し、助言・示唆を与える」（佐藤 2001：236-237）ことが求められる。

またKadushinとHarkness（2009）は良いスーパーバイザーの構成概念として、「教育的機能」においては「実証的な実践理論と方法論に関する専門職としての最新の知識をもっている」「スーパーバイジーとは心理的な安全感のある温和な関係を築く」「スーパーバイジーの仕事の助けとなる技術的な専門性を示し、同時に、スーパーバイジーとの個人的な関係においても力量を発揮する」が求められ、「支持的機能」においては「スーパーバイジーに対し、自信と信頼の態度を投影し、それによってスーパーバイジーの自律性と裁量の最適化を図る」「スーパーバイジーとの十分かつ自由な相互コミュニケーションを築き、偽りのない感情表現を認め、さらに奨励する」「ネガティブなフィードバックや逆転移について、安心して言い訳せずに検討し、建設的な批判に対して寛容である」が必要であるとしている。さらに実際のスーパービジョンの場面の逐語録からスーパーバイザーのスキルを分析した神林（2017）は、スーパーバイザーに求められるスキルとして「事例の分析とバイジーの能力のアセスメント」「促し→示唆→提示→教示の段階的な教育」「バイジーの言語化を促すスキル」「バイジーの内省を促すスキル」があるとしている。

このようにスーパービジョンにおけるスーパーバイザーは、ソーシャルワークに関する知識のみならず、スーパーバイジーとの関係性の構築、スーパーバイジーの能力の把握、スーパーバイジーの内省や言語化を促すコミュニケーションスキル、スーパーバイジーへの示唆・提示・助言など幅広い能力が求められることになる。

SWP研究会における佐藤は、ソーシャルワーク理論研究者としての幅広い知識を持っていたことは明らかである。またスーパーバイジーとの関係性や能力のアセスメントについても、スーパーバイジーが学部生の時期から佐藤が指導し、卒業後にスーパーバイジー自ら佐藤のスーパーバイズを受けるためにSWP研究会に参加してきたということから、そもそも良好な関係性が築けており、佐藤が長年の関係性からスーパーバイジーの能力を適切に判断していたことも推察される。また佐藤のソーシャルワーカーとしての経験や田村健二からスーパービジョンのスキルを学んできたことからも、スーパーバイジーの内省や言語化を促すコミュニケーションスキルも長けていたと考えられる。

このようにソーシャルワーク理論研究者としての幅広い知識・スーパーバイジーとの学部時代から積み上げられた関係性・高いコミュニケーションスキルの３つの側面から生み出された佐藤からスーパーバイジーへの「助言」が、非常に質の高いものであったことは想像に難しくない。

(3)　本研究の意義・目的

本稿の目的は、佐藤豊道がスーパーバイザーとして参加したSWP研究会の場において、佐藤が様々な個別の実践事例に触れるなかでスーパーバイジーに語った「助言」に着目し、それらの数多くの「助言」を構造化し、佐藤の「人間：環境：時間：空間の交互作用」と関連づけながら考察することで、ソーシャルワーク実践と佐藤の「人間：環境：時間：空間の交互作用」概念の循環的な構造を明示することにある。

この研究を行なうことの意義は２点あると考えられる。

１点目は、スーパービジョンにおけるスーパーバイザーの「助言」に着目した点にある。これまでのスーパービジョンに関する研究の多くは、スーパービジョンの有効性を立証するためにスーパーバイジーがスーパービジョンに参加することでの成長過程に着目していた。（浅野 2010、山口 2011、小松原 2014 など）本稿の研究対象であるSWP研究会においても、同様にSWP研究会を通したスーパーバイジーの成長に着目した研究を実施している。（樋口・久保田・村松ら 2011 ほか）一方でスーパーバイザーに着目した研究の多くは、スーパーバイザーに必要とされるスキルや教育プロセスに関する研究がほとんどであり（神林 2017、大谷 2019 など）、直接的にスーパーバイザーがスーパービジョンの場で行なった実践に関する研究はほとんど見られない。しかし「実際のSV経験をデータとして取り扱い議論が進められた結果、SV理論から演繹的に導き出され得ない、現実的な課題と知見を提示する」（高山・石川 2018：347）ためには、スーパーバイジー側の言葉だけではなく、スーパーバイザー側の言葉にも着目する必要があると考えられる。この点において、本稿でスーパーバイザーである佐藤豊道の「助言」に着目し、その「助言」の構造を明示することは、スーパービジョン研究に寄与すると考えられる。

２点目としては、前述の通り理論研究者の第一人者である佐藤がスーパーバイザーとしてソーシャルワーク実践に触れるなかでスーパーバイジーに対して発した「助言」、それはまさに「実践と理論が融合」する場面であったということである。近年ソーシャルワークの「実践知」が注目されている。平塚（2011）はこのソーシャルワークにおける「実践知」を「曖昧模糊とした世界から〈わたし〉というソーシャルワーカーの身体知を通して、ソーシャルワーカーなる世界と他の世界を切り分け、再びそれを身の内で整序して、ソーシャルワーカーに求められる世界を描き、これを実現する知恵である。」（平塚 2011：61）とし、さらに「人の行為に負うソーシャルワークの実践は属人的なアートの世界に一つの足場をもつ。経験を通して得られた実践知といっても精緻に組み立てられた理論知とは違い、人間の主観、主体的な行為に負うため、あいまいさや不確かさを伴う。ソーシャルワークが実践科学と称するならば，その解明こそが必要であろう」（平塚 2011：60）としている。SWP研究会での佐藤豊道のスーパーバイザーとしての活動は、ソーシャルワーク実践の一つであると考えられ、そこでの現場で働くソーシャルワーカーが悩み困難を抱えている事例に対して佐藤豊道が発した「助言」は、佐藤が理論化してきた「人間：環境：時間：空間の交互作用」と現実のソーシャルワーク実践との交互作用のなかから生み出された「実践知」と言うことができよう。この佐藤の「実践知」である「助言」の構造化を行ない、佐藤の主要な理論である「人間：環境：時間：空間の交互作用」と関連づけながら可視化することは、ソーシャルワーク実践理論へ寄与することが可能であると考えられる。

2．研究方法

(1) 検証データ

本稿では、2004年から2012年まで実施された計19回のSWP研究会（表1）でのスーパーバイズの場における、佐藤豊道の「助言」を検証する。

検証データとして採用したのは、実際のSWP研究会における事例検討における議論を録音した逐語データである。SWP研究会は1996年から実施されており、2016年までの間に85回実施されているが、今回検証する19回は逐語データの有無によって抽出している。またSWP研究会は10名弱の現場のソーシャルワーカーが繰り返し佐藤からスーパーバイズを受けているため、特定のスーパーバイジーに偏った場合にスーパーバイジーの個別性から「助言」の内容に偏りが出る可能性があるため、抽出した19回のSWP研究会で

表１　SWP研究会　日時・タイトル一覧

no	日時	タイトル	バイジー
1	2004/7/25	生活保護受給母子世帯に対するソーシャルワークについて	A
2	2004/9/5	価値の立脚点の違う援助者（？）が介入し支援システムが混乱している一例	B
3	2004/11/14	単なる仲介者にならないためには～セカンドオピニオンを主訴とする２事例から	C
4	2005/5/22	利用者主体のソーシャルワーク実践とは？	B
5	2005/6/12	クライエントの自己決定とワーカーの父権的保護主義との葛藤について	A
6	2005/7/10	ソーシャルワーカーの役割～寄り添うこととは？	D
7	2005/9/11	クライエントの自己決定を支援する SW の姿勢	C
8	2005/11/3	どうしたらよいか分からなくなってしまったケース	E
9	2007/7/1	アセスメントの重要性～退院支援事例を通じて～	C
10	2007/8/19	専門職実践の根拠としての価値	B
11	2007/10/14	多様な『価値』のなかでの『利用者主体』のソーシャルワーク実践とは	A
12	2008/12/28	Not Doing, But Being ソーシャルワークにおける Being	D
13	2009/11/23	ワーカー・クライエント間の合意形成構築がうまくいかない事例	A
14	2010/1/24	初めて在宅介護を行う家族への退院支援	C
15	2010/2/28	蜜月が終わったケース（仮）	E
16	2011/12/18	『迷い』のある支援の概念及び『専門職の揺らぎ』の移行に向けて	A
17	2012/2/5	家族へ与える負荷に対するアセスメント	F
18	2012/4/15	自己決定を支えるということ	C
19	2012/5/20	チーム間とクライエントシステムとのコミュニケーション	E

はスーパーバイジーに偏りのないように抽出をしている。

(2) 分析方法

本稿の分析対象が逐語データ、いわゆる「質的データ」であり、そこから構造化を目指す「助言」は個々の事例検討の内容によって多様性を持つ可能性が高いと判断し、分析方法は「研究対象の複雑性に対して適切に開かれた研究の方法」(Flick＝2002：9) とされる定性的 (質的) コーディングを採用した。

まずSWP研究会でのスーパーバイズにおける逐語データのなかから、「助言」と考えられる「(定性的) コード」を抽出した。具体的には、19回のSWP研究会での実際の事例検討における議論を録音した逐語データから、「助言」にあたると判断された部分を抜き出し「セグメント化」(佐藤 2008：17) を行なった。「セグメント化」した部分に関しては一つ一つカードに記載をし、19回のSWP研究会から230のカードが抽出された。

次に抽出された「助言」に関するカードを、個々の内容の意味内容を検証した上で「分類」(佐藤 2008：21) を行ない、「(概念的) カテゴリー」を生成した。この「分類」においては、「複数のコード (あるいはカテゴリー) 間の比較」「コードとデータ (文書セグメントの比較)」「データ同士の比較」「複数の事例間の比較」(佐藤 2008：119) などの「継続的比較分析」を行ないながら、「(概念的) カテゴリー」の生成を行なった。

最後に生成された「(概念的) カテゴリー」を「助言」の「説明図式」へと統合させた。ここでは「セグメント化」と「分類」も繰り返し行ないながら、分析者が「これ以上事例やデータを追加しても、すでにある程度完成品として出来上がっている説明図式に対しては特に修正や追加を加える必要がなくなった状態」(佐藤 2008：126) とされる「理論的飽和」の状態まで繰り返し作業を行なった。

そして構造化された「助言」を佐藤の「人間：環境：時間：空間の交互作

用」と関連づけながら、「人間：環境：時間：空間の交互作用」のソーシャルワーク実践とは何かという点について考察を行なった。

なお「(質的研究においては) 研究者の側の主観性も研究対象側の主観性と共に研究プロセスの一部とされる」(Flick = 2002：11) とされ、研究者のリフレクションを含めてデータと研究者の相互作用も分析の一部分にすることを踏まえ、分析にあたってはSWP研究会に実際に参加をしていた複数のソーシャルワーカーのみで分析を行ない、分析内容の「妥当性」を確保した。

３．分析結果

SWP研究会で事例検討を行なった際の逐語データの分析の結果、助言に関する230のセグメント化したカードから、94の小カテゴリー、16の中カテゴリー、４の大カテゴリーが生成され、表２のようにまとめられた。

以下、表２をもとに、これらのカテゴリーの分析結果を述べる。大カテゴリーは【　】、中カテゴリーは（　）、小カテゴリーは〔　〕、セグメントは〈　〉、実際のインシデントを「　」で表記をする。

表２　分析結果

<table>
<tr><td rowspan="12">ソーシャルワーカーの視座</td><td rowspan="6">構造の把握</td><td rowspan="3">生活課題のメカニズムの把握</td><td>2-6 クライエントと周囲の人の相互作用のメカニズムを理解する</td></tr>
<tr><td>5-1 生活課題のメカニズムを把握する</td></tr>
<tr><td>5-7 ライフモデルのなかに医学モデルを位置付けて活用する</td></tr>
<tr><td rowspan="3">システムの総合的な把握</td><td>8-2 同時に交じり合っているシステムを総合的に判断する</td></tr>
<tr><td>16-10 場の環境を把握した上でクライエントのエコシステムを理解する</td></tr>
<tr><td>18-9 本人のできることを軸としたアセスメントを繰り返すなかで朧げだった絵の輪郭をはっきりさせる</td></tr>
<tr><td rowspan="6">アートとしてのソーシャルワーク</td><td rowspan="5">当意即妙な実践</td><td>3-4 体に染み付いた理論を元にした即応を行なう</td></tr>
<tr><td>10-6 関係性のなかからまず対応して当意即妙に関わっていく</td></tr>
<tr><td>3-10 多様なクライエントの生活に対して臨機応変に対応していく</td></tr>
<tr><td>10-7「場」を重視した創意工夫で対応していく</td></tr>
<tr><td>10-8「場」にいたことで理解できる再現性のない事実を説明する</td></tr>
<tr><td>自分の面接スタイル</td><td>1-28 自分の面接スタイルを確立する</td></tr>
</table>

		創造性をもとにアートの側面があるソーシャルワークの展開	3-6 基本を抑えた上での創造性を発揮する
			12-10 アートの側面があるソーシャルワークをエビデンスを元に評価し再検証していく
			6-8 クライエントのことを理解できる感性を育む
			3-5 教育に裏付けられた感性を実践で表現する
		試行錯誤のソーシャルワーク	1-29 試行錯誤のソーシャルワークを評価する
			2-9 推測を繰り返しながら正しい理解に向けて詰めていく
			14-11 結果を予見しながら自分の行動の押し引きを考える
	実践の可視化	分析結果の記述	12-4 分析結果をきちんとして「記録」に落とし込んでおく
		状況の可視化	9-1 混乱しているクライエントのために話したことを後で見れるよう紙に残す
			7-11 状況を可視化して双方で記録を持つ
		相互作用の記述	8-3 システムの相互作用を表に落とし込む
		ストレングスの記述	1-9 クライエントの良い面を記述する
クライエント‐ソーシャルワーカー関係	偏見の除去	クライエントを軽々しく定義しない	1-22 軽々しく定義せず価値忠実的に捉える
			3-12 レッテルに左右されずクライエントを理解する
			1-12 言葉のイメージに引っ張られない
		レッテルを貼らないように証拠事実を把握する	2-8 レッテルを貼らないようにエビデンスに基づくアセスメントをする
			2-19 うがった見方にならないように証拠事実を把握する
			2-1 偏った見方にならないように証拠事実を調査する
		ワーカーの敷いたレールを自己決定から捉え直す	18-8 ワーカーの敷いたレールをクライエントの自己決定の視点から捉え直す
		ストレングスを持つ人としての認識	1-5 クライエントを力のある存在として捉える
			3-11 クライエントを「変化できる人」として捉える
			1-14 抑圧されているクライエントの力を理解する
	個別性の理解	クライエントの行動パターンの理解	1-18 コミュニケーションパターンを理解する
			2-7 行動の規則性をアセスメントする
			2-11 クライエントの行動の反復性を理解する
			1-15 定義つけられた上での行動を理解する
		クライエントの置かれている位置の把握	4-1「状況における人」での利用者主体を理解する
			19-1 クライエントの置かれている立場を把握し支える方法を考える
			16-1 クライエントの置かれている位置状況を重く受け止める
		クライエントの多様性の理解	14-6 多様な生活世界での多様なクライエントを見極める
			2-12 不合理な存在の人間を理解する
		クライエントのサブカルチャー（準拠枠）の理解	11-5 クライエントのサブカルチャーの内側に立つように聞いていく
			7-8 クライエントの準拠枠（サブカルチャー）を理解する
			16-4 クライエントが生活する場でサブカルチャーを理解する

		クライエント独自の「辞書」の理解	5-9 クライエントが独自に持っている生活体系で培われた「辞書」を理解する
			10-10 クライエントの言葉の文脈を理解する
		クライエントのストレングスの把握	10-1 価値を持った存在である人間のソーシャルエビデンスを考える
			1-2 ストレングスの視点でアセスメントする
			1-11 クライエントをポジティブに評価する
			16-2 クライエントをリスペクトする部分を見つける
			1-4 肯定的に捉えてアセスメントする
			18-4 アセスメントでクライエントの力を早めに把握する
	ナラティブの相互作用	クライエントの生活世界（妄想体系）の語りの傾聴	2-4 ストンと落ちるまで生活世界を聞いていく
			9-7 クライエントの時間軸に落ちてクライエントの語りを聞く
			2-3 クライエントの主観的な生活を聞き出す
			1-16 正しくない、正しいは関係なく、クライエントの言葉を聞く
			6-10 クライエントの生活世界（ナラティブ）を理解する
			5-3 クライエントの妄想体系を認知し活用する
			1-17 責任を持たせる意味でクライエントに語らせる
			2-5 詰将棋のようにオープンクエスチョンを繰り返す
			1-20 クライエント自身の自己評価が上がる語りを引き出す
		クライエントの語りを通して背景を読み取る	9-2 クライエントに語ってもらい意思決定の根拠となっている背景を理解する
			7-4 クライエントの視点を汲み取る
			10-3 クライエントの語りを事実としてエビデンスで捉える
			2-22 本人の語りを通して関係性を理解する
			13-2 システムに影響を与えている行動の背景をじっくり聞く
		クライエントの変化を読み取る	10-5 クライエントの注意や気づきによる生活世界の変容を捉える
			12-6 時間軸のなかでの変化の因果関係を考える
			13-3 システムの変化によるクライエントの「気づき」を聞く
		観察者と共感者双方の視点の保持	6-7 観察者の視点は保持したままクライエントの内側に入る
			10-2 ストンと腑に落ちるストーリーと憶測・推測の狭間で理解する
			4-11 クライエントを信じる気持ちと事実はどうなのかという視点を併せ持つ
			16-9 知的に理解するのか、感情的に理解するのか、見極める
		おおらかな構えと研ぎ澄まされた感覚	8-12 コミュニケーションにおいておおらかに構えつつも研ぎ澄まされた感覚を持つ
		クリティカルシンキング	10-9 自分が理解した事実を逆の側面から分析する（クリティカルシンキング）
		ストンと落ちていない感情の歯止め	17-5 クライエントの抱えるストンと落ちていない感情面の歯止めをかける

	クライエントが話せる環境の構築	7-7 計画的ではなくクライエントが話せる環境を作り出す
		14-7「ゆとり」のある会話のなかでクライエントの話を聞く
		6-2 話を聞く際にワーカーの立つ立場を意識する
		9-6 時間をかけて感情次元を表現していく
	クライエントが話せるタイミングの見極め	11-4 波長が落ちてくるまで時間を稼いで時間をかけて聞いていく
		5-13 クライエントに重要なことを聞く時のタイミングを見極める
	「愛のストローク」	17-6 クライエントの言葉の背景を理解して「愛のストローク」を行う
		8-11 コミュニケーションの取り方をクライエントによって変えていく
	クライエントの「辞書」で話しかける	5-10 クライエントの「辞書」で話しかける
		1-8 クライエントが聞ける言葉を選ぶ
		1-7 コミュニケーションの言葉を選ぶ
意図的な関係構築	関係性のアセスメント	3-8 クライエントとの関係性を判断するためのアセスメントを行なう
	クライエントとのパートナーシップ	9-4 クライエントをパートナーとして味方につける
		9-11 クライエントの肯定的な面を言語化し相手に返してパートナーシップを構築する
	パートナーシップと依存のバランス	6-9 クライエントに向き合う姿勢と依存の間のバランスを意識する
		4-8 クライエントに依存する心情を自己理解する
		1-27 クライエントと適切な距離をとる
		2-18 柔軟なワーカー・クライエント関係を構築する
	ソーシャルワーカーの行動を意図的にクライエントに伝える	6-3 ワーカーの動きをクライエントに知ってもらうプロセスを作る
		1-26 意図的にワーカーの行動を伝える
		6-11 クライエントに向き合っていることを適切に伝える（嘘も方便）
		8-13 クライエントに関心を持っていることをクライエントに感じ取ってもらう工夫をする
	ワーカーを起点とした関係性の拡大	1-21 ワーカーを起点に関係性の拡大に向けて働きかける
「自己決定」に向けた支援プロセス	クライエントが自己決定するまでの時間	3-2 クライエントの立場に立って自己決定を促す
		11-1 クライエントなりの自己決定が出るまで待つ
		3-1 自己決定する時間を与える
		11-3 クライエントの腹のなかにストンと落ちるまで待ち、待つ間にサポートをしていく
	メリット・デメリットの提示	18-10 メリット・デメリットを提示しながらデメリットのフォローを提案しクライエントの自己決定を促す
		7-1 クライエントにメリット・デメリットを整理して可視化する
		7-2 デメリットに関して想定できる対応方法を提示する
		18-2 様々な媒体を使いクライエントへの情報提供を行なう

「流れをコントロールする」「流れに身をまかす」を秤にかけたワーカーの判断	12-2「流れをコントロールする」「流れに身をまかす」を秤にかけながら一つの責任ある意思決定を下す
	11-7 クライエントの最善の利益に向けての価値にかける（決断する）
	10-4 互いの状況確認という事実の積み重ねから人との意思決定を導く
クライエントとワーカーの意見のすり合わせ	11-6 お互い「よしこれで手を打とう」というところまでの努力をしていく
	3-3 ワーカーの意見とクライエントの意見を融合させる
	7-3 クライエントの選考と制度上の限界を擦り合わせる
ワーカーの説明の受け止め方の確認	12-3 ワーカーの合理的な説明をクライエントがどう受け取っているか確認する
本人の考えだけの自己決定と専門職が介在しての自己決定の違い	2-15 本人の考えだけの自己決定と専門職が介在しての自己決定の違いを理解する
適切なリジェクト	15-5 適切にリジェクトを行う時ははっきりリジェクトする
専門職判断を優先せずクライエントを信頼	5-14 専門職判断だけを優先せず深いところはクライエントを信頼する
変化を言語化する	8-8 変化を言語化して評価することでクライエントの視点を移す
全体の腑分けを提示	7－10全体の位置付けを明確にしていき（腑分け）クライエントが未来展望を持てるようにする
セカンドベストの提示	7-5 現実制約のなかでセカンドベストを提示しクライエントを支える
一緒に考える	7-9 クライエントの漠然とした不安に対してシュミレーションしながら一緒に考える
	9-3 クライエントの価値観を聞き強さを理解しながら一緒に考えていく
「持続的支持手続き」	16-6 信頼関係ができるまで褒めるのみで、途中で辞める・余韻を残す
	1-24 肯定の共有から関係をスタートさせる
	8-15「ネギ」のようなクライエントの生活に彩りができ良な話を聞き出し愛着形成をする
	9-5 非専門性的な感情表現を専門的に取り込む
	7-10 全体の位置付けを明確にしていき（腑分け）クライエントが未来展望を持てるようにする

		「持続的支持手続き」から「直接的指示手続き」へのギアチェンジ	8-4「持続的支持手続き」の上での「直接的指示手続き」をする
			16-8 クライエントの変化を読み取ってギアチェンジのタイミングを見極める
			12-7「傾聴的な寄り添い」と「意図的な介入」の双方を意識して支援する
			16-7 クライエントの反応を観察して変化するポイントを掴んでギアを変える
		クライエントが直面下することの権利	19-2 クライエントに現実を直面化させることも選択肢に入れる
			4-7 いろいろなことに直面する権利を持つ人を理解する
			6-6 クライエントが聞きたくない話も伝えて教育していく
		直面下できる状況にあるのかの判断	19-5 現実の直面化ができるかどうかクライエントの状況の見立てをする
		直面下した後の対応の重要性	19-6 クライエントの不安に対して一つ一つ直面化しながらその対応を誠実に答える
			4-6 混乱を避けるのではなく、混乱するクライエントを受け止める
ソーシャルワークプロセスにおける技術	俯瞰的かつ細分化されたプランニング	アセスメントを前提とした援助計画	9-10 アセスメントを整理して援助計画を立てる
			1-1 アセスメントを援助計画の前提にする
			4-14 目標に向けてそれぞれができることを計画にする
		俯瞰的・鳥瞰的な見方から計画の細分化	17-7 様々なレベルのシステムを理解して介入方法を細かく腑分けする
			8-9 俯瞰的・鳥瞰的な見方から計画を立てさらに細分化していく
		良循環に向けたプランニング	13-9 システムが良循環で機能するために必要なことを計画に落とし込んでいく
		クライエントに不利益にならないプランニング	2-10 クライエントの不利益にならない介入方法を考える
		変化のプロセスを落とし込んだプランニング	8-7 変化に向けた計画を評価できるよう具体的な数値を盛り込む
			8-6 変化のプロセスを具体的な短期計画・中期計画に落とし込む
			1-13 ストレングス視点でのアセスメントでプラニングをする
		優先順位を考えたプラニング	2-16 背景を理解した上で優先順位を考える
	状況に応じたインターベンション	ストレングスをいい方向に持っていく	15-1 良い方にも悪い方にもいくストレングスをいい方向に持っていく
			15-3 社会のなかで制約されているクライエントの強さを発揮できる方法を考える
			18-5 できたことを評価し、できなかったことを分析することで、クライエントに希望をもたせる
			16-5 小刻みに肯定的な評価を与え続けていく
			16-3 評価することでクライエントの意味世界が変わる可能性を信じる
			1-23 ポジティブな変化に向けて言葉を伝えていく
		良循環のシステムに向けた働きかけ	13-7 それぞれのポジティブな面・ネガティブな麺を見据えて良循環のシステムに向けての調整点を見極める
			2-13 良循環のシステムに向けて考えていく

		行動療法によるクライエントの行動の変容	18-3 クライエントの不安を行動療法などを使いながら一つ一つ潰していく
			13-5 生活スキルを行動療法などを使い支援していく
			5-11 表などを作って認知行動療法で支援する
		自我の弱いクライエントへのアサーショントレーニング	5-12 自己主張ができない人にアサーショントレーニングを実施する
			1-25 自我が弱いクライエントの補強する役割になる
			1-10 力を添える役割を持つ
		クライエントの社会的役割の価値づけ	15-2 エネルギーを傾けられるクライエントの生きがいを一緒に考える
			13-6 クライエントの社会のなかでの役割を見出し価値づける
		ナラティブアプローチ	5-8 クライエントのストーリーを理解してシナリオを変えていく
		コミュニケーションパターンの変容	1-19 コミュニケーションパターンが変わるように働きかける
		クライエントへの鳥瞰的な見方の教育	8-10 渦に巻き込まれているクライエントに鳥瞰的な見方を伝えることで客観的に捉えさせる
		主観的生活世界のビリヤード	2-14 主観的生活世界をビリヤードのように玉突きする良循環を目指す
			6-1 クライエントを含めた関係者それぞれの「人間：環境：時間：空間の交互作用」を近づける
		選択的注意を文脈に向ける	6-4 クライエントの選択的注意を変化していく文脈に向ける
		時間軸と場を見据えた支援	11-2 時間軸をゆっくり使う
			18-1 適切なアセスメントにより支援の時間軸を見極める
			8-5 時間軸のなかで変化を見せていく
			3-7 空間・時間を利用してクライエントの安定を図る
	流れのなかでのモニタリング	介入～評価～モニタリングの一連の流れ	12-5 状況の変化に対応しながら意識的に介入、評価、モニタリングを行なう
			14-1 アセスメントからプランニング、実行、評価までの流れをきちんと行なう
		協働でのモニタリング	12-1 バリエーションのあるプランを常に双方でモニタリングしながら進めていく
環境に対するソーシャルワーク	家族員一人一人に対応した家族システムへの支援	家族システムへの視点	4-12 家族システムを念頭に話を聞く
			1-3 家族システムのアセスメントをする
		家族一人一人への視点	4-4 家族一人一人のニーズを把握する
			4-5 家族一人一人から見た家族構造を理解する
			9-8 家族構成を聞くところからアセスメントを始める
			4-9 家族システムの視点からそれぞれの家族員に気を配る
		家族システムのなかにいるクライエントの認識	4-10 家族システムのなかにいるという認識の上でクライエントを受容する
			14-3 家族関係の質をじっくり聞き出す
		家族システムへの働きかけ	1-6 家族システムへ働きかける

	家族システムのなかで一番影響を与えている人への介入	13-1 家族システムのなかで一番影響を与えている人を見極める
		13-10 家族システムのメカニズムのなかで一番影響を与えているところに介入する
		4-3 関わりを拒否する人を振り向かせる介入方法を考える
		5-2 下位文化が異なる家族への介入にエネルギーを傾ける
	家族それぞれの意味世界の媒介	4-13 家族同士が話し合う場を設定し家族を媒介する
		17-4 家族内のそれぞれの意味世界を媒介する
		17-3 家族システムのなかでの話し合い、表面化する作業を行なう
	家族のストレングスの言語化	12-9 変化していく家族のストレングスをクライエントの言葉によって説明づけていく
クライエントに影響を与えている人へのアプローチ	クライエントシステムに影響を与えている人へのアプローチ	5-4 クライエントに一番影響を与えた人を把握する
		2-2 キーパーソンについて証拠事実を調査する
		13-4 システムに影響を与えている人の関係構築を時間がかかっても行なう
		3-9 クライエントシステムのなかでターゲットを合わせる
ソーシャルワーカーの役割を果たすチームアプローチ	縦割りではない横割りのチーム形成	19-10 縦割りではなく横割りのチームを作り誰が出てもいいチームにする
	チームの力動性の分析	15-4 チームの力動性を見極めてグループダイナミクスのなかから意見を抽出していく
		14-4 チームの力関係のメカニズムを分析する
		14-10 様々な力関係のなかでケースバイケースで押し引きを図る
		5-6 関係者の関わりの限界を聞く
	チーム内でのソーシャルワーカーの視点の強調	12-8 ソーシャルワーカーとしての専門性を意図的に他者に伝えていく
		14-5 チーム内で評価する際にワーカーの視点を入れていく
		4-15 アセスメント・プランニング介入を具体的に示す
	チーム内での情報の共有	19-3 多職種連携において情報の共有化を行なう
		17-1 他職種間でアセスメントをして記録に残し共有化する
		14-2 他機関のソーシャルワーカーのソーシャルワークプロセスに介在する
	情報の共有と個人情報保護の線引き	19-4 情報の共有化と個人情報保護の線引きを適切に判断する
	クライエントの自己決定のチーム内での共有	14-9 クライエントの目標を引き出し言語化しチームのなかで計画に落とし込んでいく
		19-9 自己決定の共有から支援計画の落とし込みまでチームで行なう
		19-8 クライエントの自己決定に対してチームでサポートしていく
	チーム内での合意形成に向けた準備	19-4 ワーカーが主導してチームの合意形成を図り記録に残す
		13-8 合意を得る目的を定め、それぞれ関係する人へのアプローチを検討する
		8-4 虎視眈々と話し合いに向けて段取りを決めていく
		14-8 エビデンスを元にしてチームのなかで検討していく

	組織のなかでの立ち位置と組織変革	ワーカーも含めた組織構造の把握	6-5 組織のなかでのワーカーの「人間：環境：時間：空間の交互作用」を理解する
			2-10 組織の利害関係を理解する
		組織構造のなかでソーシャルワーカーの業務の検討	18-7 組織的風土を理解しながら現実的な機能を模索する
			8-1 利用者主体を具体的な仕事領域で落とし込む
		組織のなかでソーシャルワーカーの声を上げる	18-6 組織のなかでクライエントのストレングスを共有するなかで方向性を合致させる
			6-5 組織のなかで制限・制約のなかで突破口を開く
			2-21 職場で「人間：環境：時間：空間の交互作用」を捉えながら声の上げ方を考える
	社会資源の活用	機能する社会資源の活用	2-17 機能するシステムは嗜好に関わらず利用していく
		社会資源の教育	4-11 周りの人・社会資源のワーカーを教育する
		ソーシャルサポートネットワークの構築	5-5 ソーシャルサポートネットワークを構築する

（筆者作成）

(1) 【ソーシャルワーカーの視座】

佐藤はスーパーバイジーへの助言にあたり、ソーシャルワーカーがソーシャルワーク実践を行なう上でどのような視座を持つべきなのか、ソーシャルワーカーがどうソーシャルワークを理解すべきなのかという根源的な視座に関しての助言を行なっていた。この【ソーシャルワーカーの視座】は、(構造の把握)(アートとしてのソーシャルワーク)(実践の可視化)で構成される。

- (構造の把握)

佐藤は多様な生活課題を抱えるクライエントへの支援を行なうにあたり、ソーシャルワーカーは〔生活課題のメカニズムの把握〕が必要と助言している。これは福祉事務所生活保護ケースワーカーがアルコール依存症やDVなどを抱えたクライエントに対しての支援において困難を感じていた際に、「*要するにメカニズムをきちんと知り得るか、どうかだよね*」と〈生活課題のメカニズムを把握する〉という助言をしており、複雑に絡み合ったクライエントの生活課題に対して、そのメカニズムを把握する必要性があることを教示している。さらに他の事例検討ではそのメカニズムの把握においては、〈クライエントと周囲の人の相互作用のメカニズムを理解する〉や〈ライフモデルのなかに医学モデルを位置付けて活用する〉ことで、生活課題のメカニズムの理解が可能になるという助言を行なっている。

また佐藤は〔システムの総合的な把握〕という助言もしている。これは病院の医療ソーシャルワーカーがクライエントは自宅に戻りたいにもかかわらず、家族が在宅復帰を拒否し、病院内の各専門職も様々な意見を出している状況で、医療ソーシャルワーカーとしてどのように支援をしていいのかわからなくなった事例に対して、「*隠されている様々な社会資源だとか、例えば家族の会だとかね、地域の人々とのシステム的に考えて、つまりそのそうした様々なシステムが同時に交じり合っているというわけだけどそれをやはり総合的に判断していくわけだよ。*」という助言を行なっており、ここでは複雑な交互作用が生じているクライエントシステムについて〈同時に交じり合っているシステムを総合的に判断する〉ことが求められることを教示している。そして他の事例検討においてシステムを総合的に判断する手法として、〈場の環境を把握した上でクライエントのエコシステムを理解する〉や〈本人のできることを軸としたアセスメントを繰り返すなかで朧げだった輪郭をはっきりさせる〉ことなどを示唆している。

このようにクライエントシステムにおける〔生活課題のメカニズムの把握〕を行ない、さらに〔システムの総合的な把握〕を実施し、ソーシャルワーカーが（構造の把握）を適切に視点として持つことでよりよいソーシャルワーク実践につながることを佐藤は助言している。

• （アートとしてのソーシャルワーク）

続いて、多様で複雑な生活課題を抱えるクライエントへのソーシャルワーク実践において、必ずしも一つの正解がないことに関して佐藤は〈アートとしてのソーシャルワーク〉という助言を行なっている。

まず〔当意即妙な実践〕という助言を行なっている。これは病院の医療ソーシャルワーカーがクライエントに対して意図的な介入ではなく、場当たり的な対応をしてしまい葛藤した実践に対する助言として、「*例えばみなさん実践をやっている時に、『さぁ今日はこの理論でやっていこう』とはならないでしょう。まず対応して、そのなかで当意即妙にね、いろんなのが合わさりあって出てくるんだよ。*」と〈関係性のなかからまず対応して当意即妙に関わっていく〉という教示があった。また他の事例検討においては、専門職としてソーシャルワーカーは意図的な介入を試みるが、多様で複雑なクライエントの生活に対する介入では〈体に染み付いた理論を元にした即応を行なう〉〈多様なクライエントの生活に対して臨機応変に対応していく〉〈「場」を重視した創意工夫で対応していく〉など意図的になりすぎない〔当意即妙な実践〕の必要性を述べている。

また〔自分の面接スタイル〕という助言もしており、これはスーパーバイジーがクライエントとの面接についての悩みを吐露し、それに対して他の参加者が自分なりの様々な面接手法を話した際に、佐藤は「*一番最後に出てくるのが自分の面接スタイルを確立することって出て来るんだよね。この辺は大変面白いところで、それまでは原理原則みたいなところがずっと書いてあって。最後の所は自分の面接スタイルのなかに統合させることって出てくる。*」と語り、原理原則にとどまらないソーシャルワーカー一人一人の個性に合わせた面接スタイルの構築の必要性について助言をしている。

次に〔創造性をもとにアートの側面があるソーシャルワークの展開〕についても助言をしている。これは医療ソーシャルワーカーが事前に結果を予測せずにその場その場でクライエントに寄り添いながら支援をした結果として、クライエント主体の支援ができた際に果たして事前に意図して介入していないことが専門職なのだろうかという悩みを持っていたことに対して、佐藤は「*ケースっていうのは創造性とか開発って大事だと思うよ。同じようなケー*

スに出くわすわけじゃないんだからね。個々のケースっていうのはそれぞれ違う訳だからね。違った状況のなかでも対応していけるというのはやっぱり基本が出来てるから出来てくるんだよね。」という〈基本を抑えた上での創造性を発揮する〉という助言を行なっている。他にも〈アートの側面があるソーシャルワークをエビデンスを元に評価し再検証する〉や〈クライエントのことを理解できる感性を育む〉など、一つとして同じ状況にないクライエントへの支援をアートと表現し、そのアートの側面があるソーシャルワークにおいて創造性や感性が必要であることの助言が行なわれている。

そしてこれらの〔当意即妙な実践〕や〔創造性をもとにアートの側面があるソーシャルワークの展開〕を実施するにあたり、〔試行錯誤のソーシャルワーク〕の必要性も助言をしている。これは支援にあたってキーパーソンと考えらえる人物となかなか接触ができないなかでどのように支援を展開していいか悩んでいた医療ソーシャルワーカーに対して、「*推測し、さらにはいろいろな発言・行動と照らしあわせながら、徐々に詰めていく作業。正しい理解につながるよう詰めていく作業をしていくと。*」と述べており、数多くの推測やその推測による試行錯誤を繰り返していくなかでその結果を目に見える行動に照らし合わせていくなかで正しい理解に近づいていくことの必要性を助言している。

このように〔創造性をもとにアートの側面があるソーシャルワークの展開〕をしていきながら、〔当意即妙の実践〕や〔自分の面接スタイル〕によって〔試行錯誤のソーシャルワーク〕を実践していく（アートとしてのソーシャルワーク）について佐藤は言及している。

• （実践の可視化）

またソーシャルワークがアートとしての側面を持ちつつ、ソーシャルワーカーが科学性や専門性を担保するためにソーシャルワーク実践を可視化すること、記録に落とし込むことの言及、つまり（実践の可視化）の助言も佐藤は多くしていた。

佐藤は様々な状況のなかで混乱しがちなクライエント、さらにはそのクライエントに影響を受け状況の把握が困難となるソーシャルワーカーが〔状況の可視化〕を行なうことの助言を行なっている。これは経済状況や家族関係などが複雑に絡み合いながら、そこに医療的な状況・介護の状況なども影響して、入院中の患者、その家族、支援者が退院に向けた方向性がバラバラになり、そのなかで調整を行なった医療ソーシャルワーカーに対して、「*そこで決まったことをコピーして渡すとかしておけば、そうすると家族の人は家に帰ってね、落ち着いて見れるよね。家族の人は色んなことが頭のなかにあるからぱっぱって言っちゃって、ワーカーや他の人から言われて、それを多くの人は鵜呑みにして『はい、はい』って言うんだけれど、本当の分かった、『はい』でない可能性があるわけですよ。*」と〈混乱しているクライエントのために話したことを後でも入れるように紙に残す〉という助言を行なっている。他の事例検討においても、〈状況を可視化して双方で記録を持つ〉という助言も行なっており、複雑な状況下に置かれやすいクライエントの生活状況を可視化すること、そしてそれをクライエントと共有することの重要性を示唆している。

またその他にも〔分析結果の記述〕や〔相互作用の記述〕〔ストレングスの記述〕など、ソーシャルワーカーが実践を行なう上で分析したことや介入したことの結果で起こる相互作用など、様々なソーシャルワーカーの行為を記録化することの重要性も助言しており、これらの（実践の可視化）についてソーシャルワーカーが実践すべき行為の一つとして重要視していた。

(2)【クライエント－ソーシャルワーカー関係】

佐藤は「人間：環境：時間：空間の交互作用」のなかでの「人間」にあたる部分、つまりソーシャルワークの支援対象であるクライエントとソーシャルワーカーの関係性構築における具体的な助言を多く行なっていた。この

【クライエント－ソーシャルワーカー関係】は（偏見の除去）（個別性の理解）（ナラティブの相互作用）（意図的な関係構築）（「自己決定」に向けた支援プロセス）によって構成される。

• （偏見の除去）

まず佐藤は〔クライエントを軽々しく定義しない〕という助言を行なっている。佐藤は、重度の認知症と診断されたクライエントの希望と家族の希望の齟齬で悩む医療ソーシャルワーカーに対して「*（認知症と診断されたクライエントの判断能力を）だからといって鵜呑みにしない。レッテルを貼られたまんまで理解しないという努力が必要でしょう。*」と〈レッテルに左右されずクライエントを理解する〉という助言をしており、重度の認知症という診断からの周囲の判断からのみでクライエントの能力を決めつけずに、きちんとアセスメントをするなかでクライエント理解に努めるよう教示している。同様に他の事例検討においても〈軽々しく定義せず価値忠実的に捉える〉〈言葉のイメージに引っ張られない〉など、クライエントへの視点においてソーシャルワーカーの先行する思い込みを軽減するよう助言している。

さらにそのような思い込みを軽減するための視点として、〔レッテルを貼らないように証拠事実を把握する〕という助言も行なっている。これはクライエントに関わる人物に対してワーカーが関わることの是非について検討していた医療ソーシャルワーカーに対して「*やっぱり証拠事実をどういう風にきちんと押さえていくかということがあってね。それがないと、うがった見方にね、こうじゃないか、ああじゃないかって、推測だからね。*」と〈うがった見方にならないように証拠事実を把握する〉という助言をしている。その他にも〈レッテルを貼らないようにエビデンスに基づくアセスメントをする〉〈偏った見方にならないように証拠事実を調査する〉などの助言をしており、ソーシャルワーカーの思い込みを軽減するために証拠事実、つまり詳細なエビデンスを把握していくなかで判断することの視点について助言している。

また〔ワーカーの敷いたレールを自己決定から捉え直す〕という助言も行なっている。これは周囲の人々、医療ソーシャルワーカーも含めて入院しているクライエントに対して機械的に施設入所を勧めていることに関して悩みを抱えている医療ソーシャルワーカーに対して、「*レールを敷いてってさっきおっしゃったけど、レールを敷いて、これでこういけば形としてはうまくいって流れていて、これで一件落着っていう感じになるんで。しかし自立、そして自己決定を、本人の主体性尊重、利用者中心、そういうキーワードを基軸にして、捉えなおしてみると違った絵が描けるなあというふうなことだよね。*で、*違った絵を描いた場合、どうなるんだろうって。*」という助言をしており、ソーシャルワーカーがそれまでの経験により進めてしまいがちな思考にあっても、常にクライエントの自己決定から捉え直す視点の重要性を教示している。

そしてクライエントに対して常に〔ストレングスを持つ人としての認識〕を持つことの助言もしている。ここでは引きこもり状態にあるクライエントに対してどのように関わればいいか悩んでいるソーシャルワーカーに対して「*クライエントを力のある存在として見た時にどういう力をあるのかということを一つ一つ紐解いていく。*」と〈クライエントを力のある存在として捉える〉いう助言を行なっており、その他の事例においても〈クライエントを「変化できる人」として捉える〉〈抑圧されているクライエントの力を理解する〉など、どのような状況にあるクライエントであっても常に力を持つ存在として認識する視点について示唆している。

このように、佐藤はソーシャルワーカーがクライエントに対して持つべき視点として（偏見の除去）について多く言及しており、これは〔クライエントを軽々しく定義しない〕、〔レッテルを貼らないように証拠事実を把握する〕、〔ワーカーの敷いたレールを自己決定から捉え直す〕、〔ストレングスを持つ人としての認識〕という助言で構成された。

• (個別性の理解)

次に、佐藤はソーシャルワーカーがクライエントの個別性を理解するための具体的な方法に関して助言をしている。

まず〔クライエントの行動パターンの理解〕である。これは入院しているクライエントの対人行動が一定的ではなく、様々な対人行動することでどのように捉えるべきなのか悩んでいる医療ソーシャルワーカーに対して「*だからそれがどういうところからくるのか、突き止める必要がある。行動の法則性とか行動の傾向性ってあるからね。そういうのをアセスメントをしていくべきでしょ。*」という〈行動の規則性をアセスメントする〉を助言している。他の事例検討においても、〈コミュニケーションパターンを理解する〉〈クライエントの行動の反復性を理解する〉〈定義つけられた上での行動を理解する〉などの助言を行なっており、(クライエントの理解) において〔クライエントの行動パターンの理解〕の重要性を教示している。

次に〔クライエントの置かれている位置の把握〕である。これは高齢のクライエントとその妻の関係性が入院の経過とともに変化していくなかでの対応に苦慮していた医療ソーシャルワーカーに対して「*周りから夫としての役割を期待されていることを熟知、感知しつつね、しかしあの必ずしもそうはいけない状況が入ってきてて、そういう時に他者から批判、行動が批判されるんじゃないかなっていったようなね、そういうこの神経的な立場にあるんだね。それをどう支えていくかというところが1つ鍵になるのかなあというふうな感じは持ちましたけどね。*」という〈クライエントの置かれている状況を把握し支える方法を考える〉という助言を行なっている。その他にも〈「状況における人」での利用者主体を理解する〉や〈クライエントの置かれている位置状況を重く受け止める〉などの助言も行なっており、状況のなかでクライエントがどのような位置にあるのかを理解することの重要性を助言している。

そして〔クライエントの多様性の理解〕についての助言があげられる。この助言は、入院しているクライエントが人や場面によって意見が変わったりすることで医療ソーシャルワーカーが困っている事例に対して「*かなりわからなさが伝わってくるよね。それが他の専門スタッフからみると、所在無さげな、なんとなく力の無い印象を持たれているわけですよ。それが生活全般にわたってそうなのかね。それともＡさんとの関係のなかでそうなのかね。そこに違いがあるのか、同じものなのかね。その辺を見極める視点っていうのが実は必要だと思うよね。*」と〈多様な生活世界での多様なクライエントを見極める〉という助言をしている。その他の事例でも〈不合理な存在の人間を理解する〉という助言もしており、ここではクライエントというのは一面的ではなく多様な側面を持っており、それらの多様性も含めて理解することを助言している。

さらに〔クライエントのサブカルチャー（準拠枠）の理解〕である。これは入院中の障害を持つ若いクライエントに対する支援のなかで本人の意見の変容や家族状況の変化に強く影響を受けながら転院支援を行なった医療ソーシャルワーカーに対して、「*この人の準拠枠ってなんだろうなって。様々なサブカルチャー、下位グループのなかで培われてきて、そのほか様々社会生活経験をしていくなかで、それが修正されたりなんだりしながら、変えられながら変容しながら今に至るわけだよね。そういうなかでの枠組みを持ってるんですよ。準拠枠って言う。そうしたところのなかで、その人の準拠枠を理解して、その人の価値の順位付けっていうか、そういうのも理解して。そして生活を組み立てていく。生活の再建ってよく言うけどね。*」と〈クライエントの準拠枠を理解する〉という助言を行なっている。その他の事例においても〈クライエントのサブカルチャーの内側に立つように聞いていく〉〈クライエントが生活する場でサブカルチャーを理解する〉などの助言を行なっており、クライエントが持つサブカルチャー・準拠枠の理解の必要性を示唆している。

また〔クライエント独自の「辞書」の理解〕を助言している。これは夫婦で共にアルコール依存症で、しかも夫から妻へのDVがあるにも関わらず、常に行動を共にしているクライエントの行動を理解できずに悩んでいるソーシャルワーカーに対して、「*みんな辞書をもっているんですよ、国語辞典みたいなもの。それは生活体系のなかで培われてきて。例えばこの暴力だとかね。これだけのことだと云々とかね。愛されている証拠だとか、そういう辞書がある。そういうのが普通一般の人とは違った辞書だから歪んでいると思われていて。だからわからない、不可解だと言われている。だけどその人の辞書をね、話し合っていくなかで、ああこの人はこの言葉をこういう風に使っているんだ、こういう風に使っているんだっていって辞書を作っていくとわかる、こっちもね。*」と〈クライエントが独自に持っている生活体系で培われた「辞書」を理解する〉という助言である。その他の事例においても〈クライエントの言葉の文脈を理解する〉という助言を行なっており、(クライエントの理解) においてクライエントが使っている言葉の背景を理解することの重要性を教示している。

最後に〔クライエントのストレングスの把握〕である。入院中のクライエントの地域への退院支援においてクライエント自身の課題が多くあり医療ソーシャルワーカーが保護的に支援をしていった事例に対して「*そういうのももっと、もっと前に出来なかったのかなあっていう風には思うよね。アセスメントすると、この人は力のあることがすぐわかるんですよ。*」と〈アセスメントでクライエントの力を早めに把握する〉という助言を行なっている。その他の事例検討においても、〈ストレングスの視点でアセスメントする〉〈クライエントのリスペクトする部分を見つける〉などの助言をしており、(クライエントの理解) においてクライエントのストレングスを理解することの必要性を助言している。

このように、佐藤は (個別性の理解) において〔クライエントの行動パターンの理解〕〔クライエントの置かれている位置の把握〕〔クライエントの多様性の理解〕〔クライエントのサブカルチャー(準拠枠) の理解〕〔クライエント独自の「辞書」の理解〕〔クライエントのストレングスの把握〕という６点を助言しており、(個別性の理解)の際の具体的な方法について教示していた。

• (ナラティブの相互作用)

次に佐藤はソーシャルワーカーがクライエントとの面接場面において（ナラティブの相互作用）に関する助言を数多くしていた。

まず〔クライエントの生活世界（妄想体系）の語りの傾聴〕である。この助言においては、病気の子どもを抱える母親に対して寄り添いを意識しすぎた結果母親の現況を認識し適切な判断を促すことができなかったと反省するソーシャルワーカーに対して「*感情の機微、これがどうなったか。その人の今の生活世界を考えたときにね、母親の環境面の表現だとか、情緒的な言葉だとか、クライエントの生活世界を喋れるようにするということは、いわゆるナラティブアプローチだよね。それがいわゆる、この人間を理解する、いわゆる人間理解の心になるわけです。*」と発言しており、〈クライエントの生活世界（ナラティブ）を理解する〉を強調している。その他の事例においても、〈ストンと落ちるまで生活世界を聞いていく〉〈正しくない、正しいは関係なく、クライエントの言葉を聞く〉〈クライエントの妄想体系を認知し活用する〉などの助言を行なっており、クライエントとの面接においてクライエントが認識している生活世界、妄想体系を丁寧に詳細に聞き出すことによって、よりクライエントの理解を深めるよう示唆している。

次に〔クライエントの語りを通して背景を読み取る〕である。ここでは、入院中の高齢のクライエントとその家族が退院先として自宅を希望しているが、その自宅が障害を抱えたクライエントが生活できる居住環境ではないため、周囲の支援者がそれに反対するなかで支援のあり方に迷いが生じている医療ソーシャルワーカーに対して「*何故そのような判断をされたのか、もっと詳しく聞いたほうが良いと。そのような判断をされたその背景、このように意思決定をして落ち着いているその根拠となっているその原因、その理由、*

それは何なのかっていうことをまず、語ってもらうということが大事だということだよね。で、語ってもらうとね、おそらくその背景がわかってくるんですよ。」と助言し〈クライエントに語ってもらい意思決定の根拠となっている背景を理解する〉という助言である。他の事例においても、〈クライエントの語りを事実としてエビデンスで捉える〉〈システムに影響を与えている行動の背景をじっくり聞く〉など、クライエントの生活課題の背景をクライエントの語りとして引き出す面接の必要性を助言している。

また〔クライエントの変化を読み取る〕ことも助言している。これは余命宣告されているクライエントの退院支援を行なう際に最終的にクライエントが判断した決定がソーシャルワークの自己決定であったかどうか悩む医療ソーシャルワーカーに対して、「*生活世界が変容してきてるんですよ。すごく変容してきているわけですよ。それを注意や気づきって言った時に、まず長男との過程を通してね、やりとりを通しての注意や気づきがあるんでしょうし、もう一つワーカーとの出会いを通して注意や気づきがあるわけですよ。*」と〈クライエントの注意や気づきによる生活世界の変容を捉える〉という助言し、当初のアセスメントしたクライエントの状況だけではなく、支援プロセスのなかで変化をしていった生活世界をクライエント自身の語りから読み取ることの必要性を教示している。その他の事例においても、〈時間軸のなかでの変化の因果関係を考える〉〈システムの変化によるクライエントの「気づき」を聞く〉など、クライエントとの面接においてクライエントの変化を読み取るための面接をする必要性を助言している。

さらに〔観察者と共感者双方の視点の保持〕についても助言している。この助言は、ソーシャルワーカーが疾患を抱える子どもの母親に関わった事例のなかで母親との関係性の取り方に苦慮した事例検討のなかで、「*今度は母親の側にできるだけ入る、入り込みながら、そして移行していくわけだけど、母親に近づいていくようにする。うまくかみ合う。内側に入る。内側に入って調整をする。観察者としての視点がなってなくて入っちゃうとだめなんで*

すよ。」と話し〈観察者の視点は保持したままクライエントの内側に入る〉という助言である。その他の事例においても、〈ストンと腑に落ちるストーリーと憶測・推測の狭間で理解する〉〈クライエントを信じる気持ちと事実はどうなのかという視点を併せ持つ〉などの、「共感」と「観察」双方の視点を持ちながらクライエントと面接することの重要性を助言している。

この（ナラティブの相互作用）においては、他にも〔おおらかな構えと研ぎ澄まされた感覚〕〔クリティカルシンキング〕〔クライエントが話せる環境の構築〕〔クライエントが話せるタイミングの見極め〕〔「愛のストローク」〕〔クライエントの「辞書」で話しかける〕など、数多くの視点に関して佐藤は助言をしており、ソーシャルワーカーとクライエントの面接などを通した具体的な相互のやり取りに関する助言を多く行なっていた。

• （意図的な関係構築）

また佐藤はソーシャルワーカーとクライエントが構築する関係性について（意図的な関係構築）に対しての言及をしている。

まず〔クライエントとのパートナーシップ〕である。これは退院支援に関わる医療ソーシャルワーカーがクライエントの課題ばかりに目を向けてしまい結局関係性をうまく構築できなかった事例に対して、「*パートナーシップモデルはstrength based practiceというものと非常に深い関わりがあって、患者さん、クライエントの強い面ね、良い面、強い面、肯定的な面、それをこう、言語化し、表現し、相手に返し。それがあるとパートナーシップが構築されやすいんだよね。*」と話し、〈クライエントの肯定的な面を言語化し相手に返してパートナーシップを構築する〉を助言している。同様に同じ事例のなかではあるが、〈クライエントをパートナーとして味方につける〉という助言も行なっており、クライエントとのパートナーシップの構築の重要性を強調している。

次に〔パートナーシップと依存のバランス〕という助言も行なっている。

この助言は、ソーシャルワーカーが疾患を抱える子どもの母親に関わった事例のなかで母親との関係性の取り方に苦慮した事例検討のなかで、「*私と向き合ってくれているワーカーにすがっていくしかないわけで、少なくともその時間話していこうと。あんまりやりすぎると、逆に依存も出てくるし。全部やると抱え込みになるし。何でもしてやってるとね、本来のこの人がやるべきことまで取っちゃう。そうすると、その人の能力を阻害する。そこなんだよね。*」と〈クライエントと向き合う姿勢と依存の間のバランスを意識する〉という助言を行なっている。その他の事例においても、〈クライエントと適切な距離をとる〉や〈柔軟なワーカー・クライエント関係を構築する〉などの助言を行なっており、パートナーシップを構築しつつも一方で適切な距離感を取ることの重要性を指摘している。

またそのようなパートナーシップや適切な距離感を構築する上で、〔ソーシャルワーカーの行動を意図的にクライエントに伝える〕という助言も行なっている。これは病院の医療ソーシャルワーカーが退院支援において、家族や病院内の各専門職も様々な意向があるなかで、医療ソーシャルワーカーとしてどのようにクライエントとの関係性を構築すればいいのかわからなくなった事例に対して、「*やっぱりあの人に関心を持ってもらえば、人ってのはね素直なね、自分の本当に思ってることを出してくるしね、きがちだしね。ます、相手に関心を持つことでしょう。でも、持ってもね、相手に感じ取られないとだめなんですよ。だから、相手に感じ取られる工夫が必要になる。*」と〈クライエントに関心を持っていることをクライエントに感じ取ってもらう工夫をする〉という助言をしている。同様に他の事例検討に際しても、〈意図的にワーカーの行動を伝える〉〈クライエントに向き合っていることを適切に伝える〉などの助言を行なっており、クライエントとの関係構築において〔ソーシャルワーカーの行動を意図的にクライエントに伝える〕ことの重要性を指摘している。

この他にも〔ワーカーを起点とした関係性の拡大〕という助言も行なって

おり、(意図的な関係構築) について、パートナーシップや適切な距離感、意図的にワーカーの行動を伝えること、さらにワーカーとクライエントとの関係性から周囲に拡大していくことの必要性を佐藤は重要視している。

• (「自己決定」に向けた支援プロセス)

これまで述べてきた (偏見の除去) (個別性の理解) (ナラティブの相互作用) (意図的な関係構築) に加えて、佐藤は (「自己決定」に向けた支援プロセス) においても数多くの助言をしている。

まずは〔クライエントが自己決定するまでの時間〕に関する助言である。これは疾患を抱えているクライエントの家族からのセカンドオピニオンについての相談を受けたソーシャルワーカーがその相談における役割について苦慮していた事例で、「*自分でメリット、デメリット、それをつきあわせて、現実状況のなかで、判断する時間をゆとりを与えるというのも大事なことだよね。*」と〈自己決定をする時間を与える〉という助言を行なっている。また他の事例においても、〈クライエントなりの自己決定が出るまで待つ〉や〈クライエントの腹のなかにストンと落ちるまで待ち、待つ間にサポートをしていく〉など、クライエントが自己決定するまで待つ姿勢の重要性を指摘している。

次に〔メリット・デメリットの提示〕に関する助言を行なっている。これはMSWが病院の方針による患者に対する治療と異なる思いを持ちながら患者に関わることへの迷いが生じていた事例に対して、「*リスクの問題も当然あるからね、それもちゃんと言わないといけないんだけど、その反面また、得るものもある訳だから。その得るものは利点としてはこういうのがある、ただ、欠点としてはこういうのがある、ただ、この欠点をなくすためにはこんな制度を使ったり、こういうサービスを使える、こういうアプローチもあるんだと。言う風なことを言って、安心感を与えてね。*」と〈メリット・デメリットを提示しながらデメリットのフォローを提案しクライエントの自己決定を促す〉という助言を行なっている。また他の事例検討のなかでも、〈クライエントにメリット・デメリットを整理して可視化する〉などの助言を行ない、ソーシャルワーカーが多様な選択肢のなかでのメリット・デメリットをクライエントに提示していくなかでクライエントの自己決定を促す必要性を述べている。

加えてクライエントの自己決定を促しながらも、〔「流れをコントロールする」「流れに身をまかす」を秤にかけたワーカーの判断〕の重要性も指摘する。これは疾病を抱えるクライエントに対して状況の変化によってその関わりも、関わりの目的も短期間で変化させていかねばならなくなったが、十分な意識された計画のなかで進められたわけではなく、ソーシャルワーカーの頭のなかだけでの意図で経過をたどっていったことで、これでよかったのだろうかと迷いが生じている事例に対して、「*流れをコントロールする、そして流れに身を任すという二つがあるわけですよね。その双方を計りにかけたところで、ワーカーは一つの意思決定を下していくわけで。その意思決定には責任が伴っている。その責任をどこまで共有の物として出していき、それを確認し合って、次につなげていくかことが課題になるのかなぁという風な印象を持ちましたね。*」と〈「流れをコントロールする」「流れに身をまかす」を計りにかけながら一つの責任ある意思決定を下す〉という助言をしている。他の事例においても、〈クライエントの最善の利益に向けての価値にかける（決断する）〉など、クライエントの自己決定を促す一方で、ソーシャルワーカーが専門職としての決断することの重要性を指摘している。

さらにそのクライエントの自己決定とソーシャルワーカーの専門職としての決断を融合させる〔クライエントとワーカーの意見のすり合わせ〕についても助言をしている。これは福祉事務所のソーシャルワーカーが子どもを抱える家族への支援においてクライエントの意向とソーシャルワーカーの保護的な視点の乖離のなかで悩んだ事例に対して、「*お互いに納得があるところでいて、100％納得いくってことはあり得ないんだよ。あり得ないんだけど、*

お互い『よしこれで手を打とう』というところまでね。本当はいければいい。いけないケースは多いと思うんだけど。少なくともいく努力はすべきだと。いく価値に我々はコミットしていこうという風に思うんだよね。それがやっぱり自己決定だろうと。」と〈お互い「よしこれで手を打とう」というところまで努力をしていく〉という助言を行なっている。その他の事例検討においても、〈ワーカーの意見とクライエントの意見を融合させる〉など、クライエントの自己決定を支えていく過程においてソーシャルワーカーの意思決定とすり合わせていく必要性を助言している。

そしてこのようなクライエントとソーシャルワーカーの意見のすり合わせの具体的なプロセスとして、〔「接続的支持手続き」〕と〔「接続的支持手続き」から「直接的指示手続き」へのギアチェンジ〕という助言も行なっている。〔「接続的支持手続き」〕では、高齢の入院患者の退院先をめぐって関係者からの様々な意向が出されるなかで、クライエント自身に寄り添うことができなかったと悩む医療ソーシャルワーカーに対して、「*ネギにまつわる話から聞いて相手してるでしょう。そうするとそのクライエント像とか、これが今までの灰色がかった像からね、非常にカラフルな色彩を帯びて像にあの移って愛着がでてくるんですよ。*」と〈「ネギ」のようなクライエントの生活に彩りが出る話を聞き出し愛着形成をする〉という助言を行なっている。また同様の事例において、〔「接続的支持手続き」から「直接的指示手続き」へのギアチェンジ〕に関して「*直接的指示手続きが有効なのよね。あなたを支えますという意味の支持だよね。持続的支持手続きがあって、初めて直接的指示手続きが可能だってことをいってるんですよ。*」と〈「持続的支持手続き」の上での「直接的指示手続き」をする〉という助言を行なっている。他の事例においても、〔「接続的支持手続き」〕については〈信頼関係ができるまで褒めるのみで、途中で辞める・余韻を残す〉や〈肯定の共有から関係をスタートさせる〉など、〔「接続的支持手続き」から「直接的指示手続き」へのギアチェンジ〕については〈クライエントの変化を読み取ってギアチェンジのタイミングを見極める〉や〈「傾聴的な寄り添い」と「意図的な介入」の双方を意識して支援する〉などの助言を行なっており、クライエントとソーシャルワーカーの意見のすり合わせにおいて「接続的支持手続き」と「直接的指示手続き」のバランスの重要性を指摘している。

この〈「自己決定」に向けた支援プロセス〉においては、他にも〔ワーカーの説明の受け止め方の確認〕、〔本人の考えだけの自己決定と専門職が介在しての自己決定の違い〕、〔専門職判断を優先せずクライエントを信頼〕、〔変化を言語化する〕、〔セカンドベストの提示〕、〔クライエントが直面下することの権利〕、〔直面下した後の対応の重要性〕など、数多くの視点に関して佐藤は助言をしており、クライエントの自己決定を支えるソーシャルワーカーの関わり方に関して多くの助言をしていた。

(3)　【ソーシャルワークプロセスにおける技術】

佐藤は「人間：環境：時間：空間の交互作用」のなかでの「時間」にあたる部分、つまりソーシャルワークのプロセスの各段階における技術に関する具体的な助言を多く行なっていた。この【ソーシャルワークプロセスにおける技術】は〈俯瞰的かつ細分化されたプランニング〉〈状況に応じたインターベンション〉〈流れのなかのモニタリング〉によって構成される。

- 〈俯瞰的かつ細分化されたプランニング〉

佐藤はソーシャルワーカーがクライエントに対するアセスメントを経て支援計画を立案する〈俯瞰的かつ細分化されたプランニング〉についての助言を行なっていた。

まず〔アセスメントを前提とした援助計画〕である。これは介護が必要なクライエントとその家族への支援において家族の介護の方法と支援者の意見にジレンマが生じている状況で悩む医療ソーシャルワーカーに対して、「*ここがアセスメントする時期だ、大事なところだってなったら、やっぱりこう*

した書式におとして、対象化して、やってみるっていうこと。要するに、計画をどのように立てて、そして、どう実行するか、で、それの見立てでやっぱりその、援助計画を立てる前にこのアセスメントの整理っていうのが必要だよね。」と〈アセスメントを整理して援助計画を立てる〉を述べている。その他の事例検討においても、〈アセスメントを援助計画の前提にする〉など、丁寧で十分なアセスメントをした上で連動させながら援助計画を立案することの重要性を助言している。

次に〔俯瞰的・鳥瞰的な見方からの計画の細分化〕である。これは高齢の入院患者の退院先をめぐって関係者からの様々な意向が出されるなかで、クライエント自身に寄り添うことができなかったと悩む医療ソーシャルワーカーに対して、「*俯瞰的な鳥瞰的な、そういう見方のなかで、すっとこの状況を見れるかどうかだよね。そして、それをこの具体的に援助計画、支援計画に落とし込めるかどうかだよね。計画をどう立てられるかって一番大きいじゃないの。そして、今度計画を立てっぱなしじゃダメであって、それを具体化していくための細分化ができるはずです。*」と〈俯瞰的・鳥瞰的な見方から計画を立てさらに細分化していく〉という助言を行なっていた。また他の事例検討でも〈様々なレベルのシステムを理解して介入方法を細かく腑分けする〉という助言を行なっており、マクロレベルからミクロレベルまでの見渡した視点を持ちながら支援計画を細分化していく必要性を強調している。

さらに支援計画を立てる際のイメージとして〔良循環に向けたプランニング〕についても言及している。これはDVと虐待があり家庭内緊張の高い事例において、虐待者と関係を継続する被虐待者へ様々な支援を行なってきたにもかかわらず状況が好転しないことに悩むソーシャルワーカーに対して、「*それを評価をね、どのようにされたかってそこだよね。評価をしてできたところを褒めてあげて、足りないところを本人で補い得ない場合は子ども達も活用したっていいわけで。ファミリーシステムが良循環に機能するにはどうしたらよいのか、そこを計画に落とし込む。*」と述べており、〈システムが良循環で機能するために必要なことを計画に落とし込んでいく〉という助言を行なっていた。ここでは支援計画はクライエントシステムが良循環するために立案・実行されるべきであり、その視点を常に保持することの重要性が述べられている。

また同様に支援計画を立てる際のイメージとして〔クライエントに不利益にならないプランニング〕も言及している。これは支援者から見てクライエントにとって有益ではないと判断される関係者とクライエントの関係性について悩む医療ソーシャルワーカーに対して、「*それからもう一つはシステム全体でね、エコシステムで見たときにクライエントに不利益をあたえるような介入というのは慎まないとならないわけだから、不利益をあたえないで利益をあたえあう関係にしてするにはどこに介入してどの時点でどういう形で誰と一緒に、そういう風なところが課題なんじゃないですかね。*」と助言しており、〈クライエントに不利益を与えない介入の方法を考える〉ことに言及している。ソーシャルワーカーの視点から「有益・無益」ではなく、あくまでクライエントの視点から見た「有益・無益」によって支援計画を立案することの重要性を強調している。

この他にも〔変化のプロセスを落とし込んだプランニング〕や〔優先順位を考えたプランニング〕という助言も行なっており、(俯瞰的かつ細分化されたプランニング）について、クライエントの多様な生活世界をシステム的、時間的、さらに多様な可能性も含めて理解した上で、あくまでクライエントの利益やクライエントシステムの良循環に向けて、細分化されたプランニングの必要性を佐藤は助言を行なっていた。

• (状況に応じたインターベンション)

続いて支援計画の立案の上で実際にソーシャルワーカーがクライエントシステムへどのように介入すべきかという(状況に応じたインターベンション)についても佐藤は数多く助言を残している。

まずソーシャルワーカーがクライエントシステムに介入するなかで〔ストレングスをいい方向に持っていく〕という視点である。これは入院しているクライエントが他職種の専門職との関係が悪化してしまいクライエントと他職種との間に立った医療ソーシャルワーカーに対して、「ソーシャルワークで言ういわゆるストレングスの視点。ただベクトルが違ってくるんだ。ストレングスでも悪い方向にいくのもあれば、良い方向にいくのもある。それを良い方向に持っていくのがワーカーの努めであり、病院組織構造の努めということになるわけで。そういったところで個人で働きかけるのか、グループで働きかけるのか、組織として働きかけるのかって、いろんなシステムがあるわけだ。」と〈良い方にも悪い方にもいくストレングスをいい方向に持っていく〉という助言を行なっている。他の事例検討においても、〈小刻みに肯定的な評価を与え続けていく〉や〈ポジティブな変化に向けて言葉を伝えていく〉など、ソーシャルワーカーがクライエントシステムに介入していくなかでもクライエントのストレングスを意識づけをさせる関わりを常に意識をしていくことを重要視している。

次に〔行動療法によるクライエントの行動の変容〕についても助言をしている。これは家事をなかなか行なわらず子どもたちがネグレクトの状態にある母子家庭の支援において状況が改善されないことを悩んでいたソーシャルワーカーに対して、「ゴミの問題についてはさ、中学校の長男とかさ次男だとかさ、それぐらいになると曜日をちゃんと書いてあげればわかるでしょ。何月何日何曜日は不燃ゴミでこうだああだって。それをちゃんと貼っておけばいいんだよね。お母さんが覚えが悪くてって言っているわけだから、家族機能の誰かが代替すれば良い話しだからね。それは簡単にできる話しなんだよね。」と〈生活スキルを行動療法などを使い支援していく〉という具体的な行動療法により介入の助言を行なっている。その他の事例検討の際にも〈クライエントの不安を行動寮などを使い支援していく〉や〈表などを作って認知行動療法で支援する〉など、具体的な介入の技術として行動療法による介入の手法について多く言及をしている。

また自己肯定感が下がっていたり、なかなかクライエントシステムのなかで意見表明ができないクライエントに対する具体的な介入の方法として、〔自我の弱いクライエントへのアサーショントレーニング〕を助言している。これは、ともにアルコール依存症を抱えている夫婦への支援で、普段クライエントが自分を抑え込んでいる反動でアルコールに依存してしまう状況で支援方法に悩むソーシャルワーカーに対して、「*1対1のなかでもワーカーは『この人はあまり自己主張してこないな』とかって思えばね、アサーショントレーニングじゃないけど、むしろ自己主張を出さすように働きかけていく面接の方法技術ってあるわけだ。それを言葉にするとどういうことなのか。それをリハーサルって言ってさ。ワーカーとクライエントの間で、うちに帰った時のコミュニケーションのやりとりをリハーサルするんだよね。*」と〈自己主張ができない人へアサーショントレーニングを実施する〉という具体的な介入方法を提示している。他の事例検討の際にも、〈自我が弱いクライエントの補強する役割になる〉や〈力を添える役割を持つ〉など、なかなか自己主張ができないクライエントに対する具体的な介入方法として、その自我を補強する介入方法を具体的に提示している。

そしてクライエントシステムの良循環を目指す具体的な技術として、〔主観的生活世界のビリヤード〕という助言も行なっている。これは入院行なのクライエントとそのクライエントを支える関係者への支援において、そのクライエントを支える関係者がクライエントに悪影響を及ぼしているのではと考え関係性への介入を悩む医療ソーシャルワーカーに対して、「*クライエントを通した主観的生活世界からどんどん話しを聞きだしながら推測してやれるわけからね。ビリヤードみたいにね。玉突き。その人が言って、こちらが趣旨を伝えて、また向こうの意見を聞いてもらって。ねらいはやはり良循環システムをしていくということ。*」と〈主観的生活世界をビリヤードのように玉突きする良循環を目指す〉という助言を行なっていた。この他の事例検討においても、〈クライエントを含めた関係者それぞれの「人間：環境：時間：空間の交互作用」を近づける〉などの助言も行なっており、クライエントシステムの良循環を目指す具体的な介入方法として、クライエントの主観的生活世界を引き出すことを軸として、その生活世界を多様な関係者と共有するということを通してクライエントシステムの良循環を目指す技術を助言している。

クライエントシステムへの介入における「時間」と「場」に言及した〔時間軸と場を見据えた介入〕という助言も行なっている。これは、入院中のクライエントの意向が状況によって変化していくなかでその意向に寄り添いながらも、それは真の意味でのクライエントの「自己決定」につながっているのかという点で悩む医療ソーシャルワーカーに対して、「*このケースは、もっと早く、自立へと向かう道が出来てきたのかなっていう風な思いも一つあるね。ある時期が必要だったのかなというところもあるね。もしそこに専門職が介在するとしたら、そこをもっと効率よくするためにはどうしたら良いかっていうところだよね。*」と〈適切なアセスメントにより支援の時間軸を見極める〉という助言を行なっている。その他の事例検討においても、〈時間軸をゆっくり使う〉〈空間・時間を利用してクライエントの安定を図る〉など、クライエントシステムの介入においては「時間」や「場」といったところにも着目しながら、介入の方法を選択する技術について言及している。この（状況に応じたインターベンション）においては、他にも〔良循環のシステムに向けた働きかけ〕〔クライエントの社会的役割の価値づけ〕〔ナラティブアプローチ〕〔コミュニケーションパターンの変容〕〔クライエントへの俯瞰的な見方の教育〕〔選択的注意を文脈に向ける〕など、状況に応じた様々なアプローチを具現化した具体的な介入方法のアドバイスを数多く行なっていた。

•（流れのなかでのモニタリング）

そしてインターベンションをした後に適切にそのインターベンションを振り返り、評価していくという（流れのなかでのモニタリング）についても佐藤は助言を行なっていた。

まずインターベンションからその後の評価やモニタリングを意識して実施をする〔介入～評価～モニタリングの一連の流れの実施〕という助言をしている。これは難病を治療中の患児とその家族に対して、病状の変化とともに関わり方の変化をつけながら支援をしてきたがその関わりの変化が意図的ではなかったことでこれでよかったのかと考えたソーシャルワーカーに対して、「*最後の計画から、介入から、評価、モニタリングして、またそこから。そこをきちんとできたかどうかっていうのが大事なんですよ。アセスメントの所まで多くの人はやっちゃうんだけど。それだけだとね、なかなか自分のものにならない。状況が変わるのはわかるんだけど、状況が変わったら変わったで計画の見直しをしたりして、常にこれを意識化していく。*」と〈状況の変化に対応しながら意識的に介入、評価、モニタリングを行なう〉という助言を行なっている。この他の事例検討においても、〈アセスメントからプラニング、実行、評価までの流れをきちんと行なう〉などの助言を行なっており、ここではアセスメントからインターベンションを経てのモニタリングまで一連の過程をきちんと実施することの重要性について言及している。

そしてそのモニタリングを行なう際の実際の技術について、クライエントとともに評価を行なっていく〔協働でのモニタリング〕について助言している。これは上記同様の事例に対して、「*そのプランニングのなかでそれがどうなったかということを評価をし。そしてそれがうまくいかなかったケース、うまくいったケースというのを再度見直し。そしてこれの評価をペイシェント及び家族、その人達にまた求めていき。チェックしながら、またモニタリングしながら、この介入、これがどうだったかというのを確認して。確認するというのは、どっちかサイドだけじゃなくて、双方のサイドで確認して、*

それで進んでいくと」と、プラニングやインターベンションの評価をソーシャルワーカーだけではなく、クライエントや家族とともに双方向で実施することの重要性を指摘していた。

このように、佐藤はアセスメント〜プランニング〜インターベンションのみで支援が展開されがちなソーシャルワーク実践においても、適切に評価・モニタリングを実施することでよりよい支援につながり、さらにはソーシャルワーカーの専門性が高まることについての教示を多く行なっていた。

(4)【環境に対するソーシャルワーク】

佐藤は「人間：環境：時間：空間の交互作用」のなかでの「環境」や「空間」にあたる部分、つまりソーシャルワークの支援対象であるクライエントに関連するさまざまなシステムレベルの環境に対する働きかけに関する具体的な助言を多く行なっていた。この【環境に対するソーシャルワーク】は〈家族員一人一人に対応した家族システムへの支援〉〈クライエントへ影響を与えている人への支援〉〈ソーシャルワーカーの役割を果たすチームアプローチ〉〈組織のなかでの立ち位置と組織変革〉〈社会資源の活用〉によって構成される。

• 〈家族員一人一人に対応した家族システムへの支援〉

佐藤はクライエントが属する家族システムに対してソーシャルワーカーがどのように支援をすればよいのかという〈家族員一人一人に対応した家族システムへの支援〉についての助言を数多く行なっていた。

最初に複数の家族員が存在する家族システムへの介入の視点として、〔家族一人一人への視点〕についての助言を行なっていた。これは夫との関係悪化により自殺未遂まで至ったクライエントの退院支援において、クライエントに寄り添いながら夫婦関係の調整を図るも結果的に良好な家族関係にならなかったことについて苦慮する医療ソーシャルワーカーに対して、「だから

むしろ夫から聞いてね、夫婦関係のなかで、どういう関係の構造にあるのか、内容にあるのかっていうことを、それを解き明かしてさ、そうして、これが重要なんだなあってことがあるとさ。そういうのをわかってあげることが、夫にも出していってさ。」と〈家族一人一人から見た家族構造を理解する〉という助言を行なっている。また同様の事例において〈家族一人一人のニーズを把握する〉〈家族システムの視点からそれぞれの家族員に気を配る〉、また他の事例検討においても〈家族構成を聞くところからアセスメントを始める〉など、家族システムに介入するにあたりクライエントのみならず一人一人の家族員を一人の人間として独立した存在として認識する重要性を助言している。

次に家族システムの一人一人に着目しながらも介入にあたって、影響を強く及ぼしている家族員を見極め働きかけていく〔家族システムのなかで一番影響を与えている人への介入〕という助言も行なっている。DVにより夫と離婚し母子家庭として生活しているクライエントが前夫との関係を再開させた上に子どもへのネグレクトなどの問題も生じている状況でどのようにクライエントに支援をしていけばいいのか悩むソーシャルワーカーに対して、「*ここに重いおもりを載せると沈むわけ。沈んでいると次元が変わってくるわけだ。同じようにファミリーシステムっていうのも、平面で見ているとこうなんだ。だけどそこにはいろんな家族のメカニズムがあるから。そのファミリーシステムに一番影響を与える人は誰か。これが一番の重いところなんだ。それを見る視点っていうのは持っておかないといけない。そこが実は一番介入のポイントなんだ。*」とこの家族への支援において前夫への働きかけを促す〈家族システムのメカニズムのなかで一番影響を与えているところに介入する〉という助言を行なっている。同様に〈家族システムのなかで一番影響を与えている人を見極める〉〈下位文化が異なる家族への介入にエネルギーを傾ける〉〈関わりを拒否する人を振り向かせる介入方法を考える〉などの助言を行なっており、家族システムのなかでの交互作用を見極めながら介入していくことを助言している。

さらに家族システムにおける一人一人の視点、さらにはその交互作用の見極めをした上で、具体的な介入方法として〔家族それぞれの意味世界の媒介〕という助言を行なっている。これは入院中の終末期のクライエントに対して妻や子どもたちがそれぞれ異なる思いを抱いているなかでどのように関わればよいのか悩む医療ソーシャルワーカーに対して「*家族全体を見たときに家族ベクトルが一緒のような気がするんだけど、実はベクトルが違う方向を向いていたっていうことがひとつあるんだよね。そこをやっぱり、きちんと話し合いながら、お互いに理解し、表面化する作業があったほうが良かったんではないかなと。ひとつ視野のなかに入っていて、こういうお話は、皆で一緒に話しあって、これからの方向性を考えているなかでも皆で話し合って、一致団結して協力し合っていきましょうと、いう風にも持っていければ、事態はまた変わったかもしれない。*」と〈家族システムのなかでの話し合い・表面化する作業を行なう〉という助言を行なっている。他にも〈家族同士が話し合う場を設定し家族を媒介する〉〈家族内のそれぞれの意味世界を媒介する〉などの助言も行なっており、家族システムへの支援においてそれぞれの家族員の意味世界を認識した上でその意味世界を家族システム内で媒介する介入方法について助言を行なっている。

またその他にも〔家族システムへの視点〕や〔家族システムのなかにいるクライエントの認識〕〔家族システムへの働きかけ〕〔家族のストレングスの言語化〕など、ソーシャルワーカーがミクロレベルのクライエントシステムとしての家族に着目し、家族システムのなかにクライエントを位置付け、さらには家族システムの一人一人の背景の理解、交互作用の把握、さらには意味世界の媒介など、これらの（家族員一人一人に対応した家族システムへの支援）についてもソーシャルワーカーの持つべき重要な技術として佐藤は数多く言及をしていた。

• (クライエントに影響を与えている人への支援)

また佐藤は家族のみならず、家族以外でクライエントに多大な影響を及ぼしている関係者に対してのアプローチとして（クライエントに影響を与えている人への支援）に関しても多く助言をしていた。

このようなクライエントに影響を与えている関係者は、家族とは異なり把握することが困難であるため、強調して〔クライエントシステムに一番影響を与えている人へのアプローチ〕を助言している。アルコール依存症を抱えるクライエントの生活世界がなかなか理解できず、かつソーシャルワーカーの意向がなかなかクライエントへ伝わらないことでもどかしさを感じているソーシャルワーカーに対して、「*『あなたに一番影響を与えた人物は誰か』っていうことを聞いていきながらね。それは伏線として。だから面接のなかでいろんな話しをしていきながら、それを聞いていって、それが伏線になるんですよ。そうするとそれがおばあちゃんで、そういう人の言っていることを聞き出していくなかで、『おばあちゃんは、前に聞いた話ではこういういった事をおっしゃっていて、その人から見ると今のあなたはどういう風に捉えているんでしょうね。』とかって言って発言を引き出すんだよね。*」と〈クライエントシステムに一番影響を与えた人を把握する〉という助言を行なっている。その他の事例検討においても、〈キーパーソンについて証拠事実を把握する〉〈システムに影響を与えている人の関係構築を時間をかかっても行なう〉〈クライエントシステムのなかでターゲットを合わせる〉など、クライエントシステムにクライエントへ影響を与えている人を取り込みながら具体的にその影響を与えている人へのアプローチを行なうことに対して言及している。

• (ソーシャルワーカーの役割を果たすチームアプローチ)

佐藤はこの【環境に対するソーシャルワーク】において、ソーシャルワーカーが単独で支援をするのではなく、支援チームを作り多職種・関係機関のソーシャルワーカーと協働で支援をすることの重要性を指摘しており、そのなかで（ソーシャルワーカーの役割を果たすチームアプローチ）に関しても多く助言を行なっている。

まず支援チームを構築する上で〔チームの力動性の分析〕について助言を行なっている。これは自己主張の強い入院患者に対して病棟内スタッフが対応に困惑しているなかで、ソーシャルワーカーが媒介しながらクライエントの主体性を尊重した支援方針をチームのなかで導き出したソーシャルワーカーに対して、「*専門的な対応という観点から見ると、どうなるかというところだけど。ワーカーとしてはカンファレンスという大変有効な場を活用して、そして人々の動きをじっと見て、力動性、グループダイナミクス、それがあって。一通りみんなが話し終えたところで、メンバーのなかから出てきたっていう。これが素晴らしい。*」と賞賛し、〈チームの力動性を見極めてグループダイナミクスのなかから意見を抽出していく〉ことの重要性に言及している。この他の事例検討においても、〈チームの力関係のメカニズムを分析する〉〈様々な力関係のなかでケースバイケースで押し引きを図る〉〈関係者の関わりの限界を聞く〉などの助言をおこなっており、ソーシャルワーカーがチームアプローチを行なう上で〔チームの力動性の分析〕の重要性を助言している。

次にチームの力動性を把握した上でソーシャルワーカー自らがそのチーム内で影響を及ぼすために〔チーム内でのソーシャルワーカーの視点の強調〕についても助言をしている。これは難病を抱えるクライエントに対して様々な専門職の意向や家族の意向が働くなかで、クライエントに寄り添いながらソーシャルワーカーの視点をどこまで開示していくかについて悩むソーシャルワーカーに対して、「*自分は影の主役になっているから、彼らが主役だから、って言うこともちろんできるんだけど、もう一つはやっぱり専門職としてソーシャルワーカーでなければできなかったことをね、『私はできる』っていう確信だね。それを持って介入して、それを評価して、しかも他の専門*

職にわかるように伝えて、それで初めて対等になるんだよ。」と〈ソーシャルワーカーとしての専門性を意図的に他者に伝えていく〉という助言を行なっている。この他の事例検討においても、〈チーム内で評価する際にワーカーの視点を入れていく〉〈(チーム内で) アセスメント・プランニング介入を具体的に示す〉など、支援チーム内においてソーシャルワーカーが意図的に自身の専門性に沿った視点を強調して伝えていくことの重要性を指摘している。

さらにソーシャルワーカーの視点を意図的にチーム内に伝えていくことに加えて、ソーシャルワーカーも含んだそれぞれのチームメンバーが持つ情報に関して〔チーム内での情報の共有〕に関しても助言している。これは入院患者の退院支援においてクライエント自身や家族、さらには病院内の他職種の意見も異なるなかで、どのような立ち位置で支援をしていくべきか悩むソーシャルワーカーに対して、「*ソーシャルワーカーの介在をめぐって、他職のところから注文があったりしてね。ようするにこの情報の共有、これができていたかというところで、その情報の共有での記録っていうのが残っているんだけど、そこだね、そこをどうするかということだね。ソーシャルワーカーの記録はちゃんと残してる、しかしながらやはり共通の電子記録端末に打ち込む、そこのところが必ずしも徹底していなかったから、あの他職との、情報の共有化、やはり思うように進んでいなかったということ（が問題ではないか）*」と指摘しており、〈多職種連携において情報の共有化を行なう〉ことの重要性を示唆している。この他の事例検討においても、〈他職種間でアセスメントをして記録に残し共有化する〉〈他機関のソーシャルワーカーのソーシャルワークプロセスに介在する〉など、チームアプローチを行なう際にソーシャルワーカー自身の情報を含んだチームメンバー同士での情報共有に関する助言を行なっていた。

そしてその情報共有のなかでもソーシャルワーカーが他のチームメンバーに共有するものとして〔クライエントの自己決定のチーム内での共有〕を強

調している。これは入院患者が在宅に戻るにあたり病院側の支援者と在宅で受け入れる側の支援者の視点が異なり、その視点の違いの狭間で悩む医療ソーシャルワーカーに対して、「*評価なんかにしてデータを本人に見せて、常に目標になるでしょ。それで目標になって、前向きでいられるでしょ。その本人の生活の意欲やなんかを引き出していくのを、どのように言語化させてそれをチームのなかで実際に動くように、計画のなかに落とし込んで実施してそれを評価して、それをまた返して。その返すのは本人にも返すし、家族にも返すし、チームメンバーにも返していくよね。*」と〈クライエントの目標を引き出し言語化しチームのなかで計画に落とし込んでいく〉という助言をしている。他の事例検討においても、〈自己決定の共有から支援計画の落とし込みまでチームで行なう〉〈クライエントの自己決定に対してチームでサポートしていく〉など、チームアプローチにおいてソーシャルワーカーがクライエントの自己決定をチーム内に共有して支援をおこなっていく技術に関して言及している。

その上で支援チーム内で支援に対する合意を得るための技術として〔チーム内での合意形成に向けた準備〕について助言している。これは入院しているクライエントに関わる関係者が組織全体にも影響を及ぼすなかで、支援方針が支援チーム内でも意見が分かれ、さらにクライエント自身、その関係者の意向も異なるなかで、どうしたらよいかわからなくなってしまったソーシャルワーカーに対して「*そして大事なのは本人がやはりそう言いながらも納得したことと家族の意向を（関係者で）話し合わっていく、それが必要になるんだよね。それをいきなり同時にやるのではなく、まずどこからかやって、次にそして、最終的には全員集まったところでって段取りを決めていかないとね。いきなり1回で決着をつけようしてね、だめになっちゃう。虎視沈々とね（段取りを組まないと）。*」と〈虎視眈々と話し合いに向けて段取りを決めていく〉という助言をしている。他の事例検討においても、〈ワーカーが主導してチームの合意形成を図り記録に残す〉〈合意を得る目的を定め、それぞれ関係する人へのアプローチを検討する〉〈エビデンスを元にしてチームのなかで検討していく〉など、チーム内での合意形成に向けた技術を助言している。

またその他にも〔縦割りではない横割りのチーム形成〕〔情報の共有と個人情報保護の線引き〕など、（ソーシャルワーカーの役割を果たすチームアプローチ）に関する助言を数多く行なっており、このような（ソーシャルワーカーの役割を果たすチームアプローチ）における具体的な技術を佐藤は数多く助言をしていた。

• （組織のなかでの立ち位置と組織変革）

さらに佐藤はチームよりも大きなシステムレベルである組織のなかでのソーシャルワークについて、（組織のなかでの立ち位置と組織変革）の助言を行なっている。

ソーシャルワーカーは必ず何かしらの組織に所属し、クライエントに寄り添いながらも組織の一員として行動することが求められる。このような組織に対してソーシャルワーカーはまず〔ワーカーも含めた組織構造の把握〕が必要と助言している。これはクライエントおよび家族が組織と敵対関係になってしまい、その関係性のなかで客観的な判断ができなくなってしまっていたのではと悩むソーシャルワーカーに対して、「*ワーカーの置かれている人間：環境：時間：空間の交互作用で決まってくるんですけど、医者との関係が非常に悪かったりだとか、自分はもう退職してももういいんだと腹をくくった時には話は別だけど、そうでない時には事情が違ってくるしさ、そこに家族が抱えていたり、個別状況を抱え込みながら動いているのが実際なんでしょう。*」と〈組織のなかでのワーカーの「人間：環境：時間：空間の交互作用」を理解する〉という助言を行なっている。この他の事例検討でも、〈組織の利害関係を理解する〉という助言も行なっており、組織のなかにいるソーシャルワーカーがその組織の構造を把握することの重要性を指摘している。

さらにそのようにワーカー自身も含めた組織の構造を理解した上で〔組織構造のなかでのソーシャルワーカーの業務の検討〕を行なうよう助言している。これは組織的な決定とクライエントに本来必要と考えられる支援方針に差異が生じその狭間なで悩むソーシャルワーカーに対して「*現場で働く人は当然組織風土のなかで、働いているから。それで周りの人間関係だとか職員の問題だとかね、そういうなかで仕事してるから。（組織的風土を）だめにしてまでやれというのは現実的じゃないんだよね。やっぱりそれはそのなかで機能することなんだけど。一歩下がって、一歩下がって、（組織風土から）我々は距離を置いてみるとどういうことがいえるかということでね。*」と〈組織的風土を理解しながら現実的な機能を模索する〉という助言をしている。他の事例検討においても〈利用者主体を具体的な仕事領域で落とし込む〉という助言をしており、組織構造を理解した上でソーシャルワーカーとして専門性を発揮した支援がどのように行なえるのかを創意工夫していく必要性を助言している。

しかし一方で組織の判断に従順でいるだけではなく、組織の変革を目指す上で〔組織のなかでソーシャルワーカーが声を上げる〕ことにも言及している。これは難病を抱えているクライエントに対して非常に多くの関係者が関わり利害関係が生じるなかで、所属している組織の意向とソーシャルワーカーの目指す支援の方向性が異なっていたソーシャルワーカーに対して、「*上司と価値観が異なると。同じソーシャルワークをやっていたと自負してたとしても、方向が違って解釈が違ってきたりするとね、どう調整取るかね。やはり人間：環境：時間：空間の交互作用を組織のなかに、自分の働く場においても当てはめていく。だからすぐ変えられる物もあるけれど、時間をかけて変えられる、時間をかけても変わらないのか。圧倒的に力が強い、多勢に無勢ということもある。かないっこない。だからといって、何も言わない、言いなりになっている、というのは専門職サイドとしてどうなのか。*」と〈職場で「人間：環境：時間：空間の交互作用」を捉えながら声の上げ方を考える〉という助言を行なっている。他の事例検討においても、〈組織のなかでクライエントのストレングスを共有するなかで方向性を合致させる〉〈組織のなかで制限・制約のなかで突破口を開く〉などの助言も行なっており、組織のなかでソーシャルワーカーの専門性に基づいた発言をしていくことで組織の変革を目指す必要性に関しても助言している。

このように佐藤は組織のなかで働くソーシャルワーカーが、どのようにその組織に相対していくのかという具体的な技術について数多く助言していた。

• (社会資源の活用)

佐藤はさらにより大きなシステムである（社会資源の活用）についての助言を行なっている。

まずは社会資源の活用においてソーシャルワーカーの視点で利用を考えるのではなく、あくまでクライエントの視点に立って必要な社会資源を利用すべきであるという〔機能する社会資源の活用〕という助言を行なっている。これはクライエントを支援するにあたってソーシャルワーカーの視点と異なる視点を持つ関係者に対して連携の模索を躊躇していたソーシャルワーカーに対して、「*好みの問題っていうのは他者が介入できないから。そうして実際機能するわけだからね。専門職者だけではない機能っていうのを持っている。それは利用しないことはないよね。活用すべきは活用した方がいいと思うんだよね。本人が望んでいればね。本人が嫌だ嫌だというのに進める必要はないけどね。*」と〈機能するシステムは嗜好に関わらず利用していく〉という助言を行ない、あくまでクライエントの生活に軸を置きながら社会資源の活用を検討することに言及している。

また社会資源を活用するにおいて、その社会資源を育てる役割もソーシャルワーカーが持つべきであるという〔社会資源の教育〕についても助言している。これは家族のなかにいる一人のクライエントを支援していたソーシャルワーカーが、他の家族員を支援する支援者との支援手法の違いについて悩んでいた事例検討において、「*ワーカーには教育者の役割ってのもあるんだよ。エデュケーターの役割ってね。周りの人達、社会資源のワーカー達も教育していかないといけない。クライエントを教育するのもそうだけど、それも教育していかないといけない。*」と〈周りの人たち・社会資源のワーカーを教育する〉という助言を行ない、ソーシャルワーカーが周囲の社会資源に対して教育者としての役割を持ちながらそのプロセスもクライエントへの支援に組み入れていくことの重要性を示唆している。

そしてそのような社会資源が存在していないように見えるクライエントに対しては、ソーシャルワーカーが新たな社会資源を生み出すべきという〔ソーシャルサポートネットワークの構築〕という助言を行なっている。これは地域社会から孤立をし、さらにはソーシャルワーカーの意見もなかなか取り入れないクライエントへの支援に苦慮していたソーシャルワーカーに対して、「*ソーシャルサポートネットワークを構築していくことだろうし。そのソーシャルサポートネットワークを構築する時に、子どもだとかそれから兄弟ね、そういう人が見舞いきてくれただとか、それは大きな介入のポイント。*」と〈ソーシャルサポートネットワークを構築する〉という助言を行ない、一見孤立しているように見えるクライエントに対して実は存在している関係者などを明らかにするなかでソーシャルワーカーが意図的に社会資源を構築していくことに関して言及している。

このようにクライエントを支援していくソーシャルワーカーがクライエントの生活に関わる社会資源を機能させ、さらに教育をしていき、また存在していなければ開発をしていくという、いわゆるソーシャルアクションに関する具体的な技術の助言も多く行なっていた。

4．考察

佐藤の助言に関しての質的分析から生成された16の中カテゴリー、４の大カテゴリーの関連性を考察した結果、佐藤がスーパーバイザーとして発言した助言は図１のような構造であることが明らかとなった。以下、この構造化された助言と佐藤の「人間：環境：時間：空間の交互作用」概念を関連づけながら、佐藤の「人間：環境：時間：空間の交互作用」概念に即したソーシャルワーク実践とは何かという点に関して考察していく。

(1)　「人間：環境：時間：空間の交互作用」におけるソーシャルワーカーの視座

佐藤は「人間：環境：時間：空間の交互作用」に関して「人間と環境はワンセットとして捉えられるべきものであり、それぞれが交互に作用し合い、影響を及ぼしあっている」（佐藤 2001：198）と述べ、さらに「人間は、時間と空間の共存のなかで立ち現れている」（佐藤 2001：199）とし、これらを統合した「人間：環境：時間：空間の交互作用」の理解を「ジェネラリスト・ソーシャルワーク実践を展開する上では、ソーシャルワーカーが常に意識化して現象を照らす出す機能」（佐藤 2001：198）として求めなければいけないとしている。

一方で、この「人間：環境：時間：空間の交互作用」は、「『人間』とは他の人とは違う個別的な『意味世界』を持つ人であり、『環境』とはクォークから宇宙に至るまでのシステムの階層構造のなかで位置を占める人間が関係する諸々のレベルのシステムをいう」（佐藤 2001：167）としている。さらに「時間」については「時間は絶対的なものではない。～どこを起点に取るかによって時間のとらえ方は異なる。～一定不変の時間というものはない。」（佐藤 2009a：48）、「空間」については「場の状況から見えてくるものは、～多様な

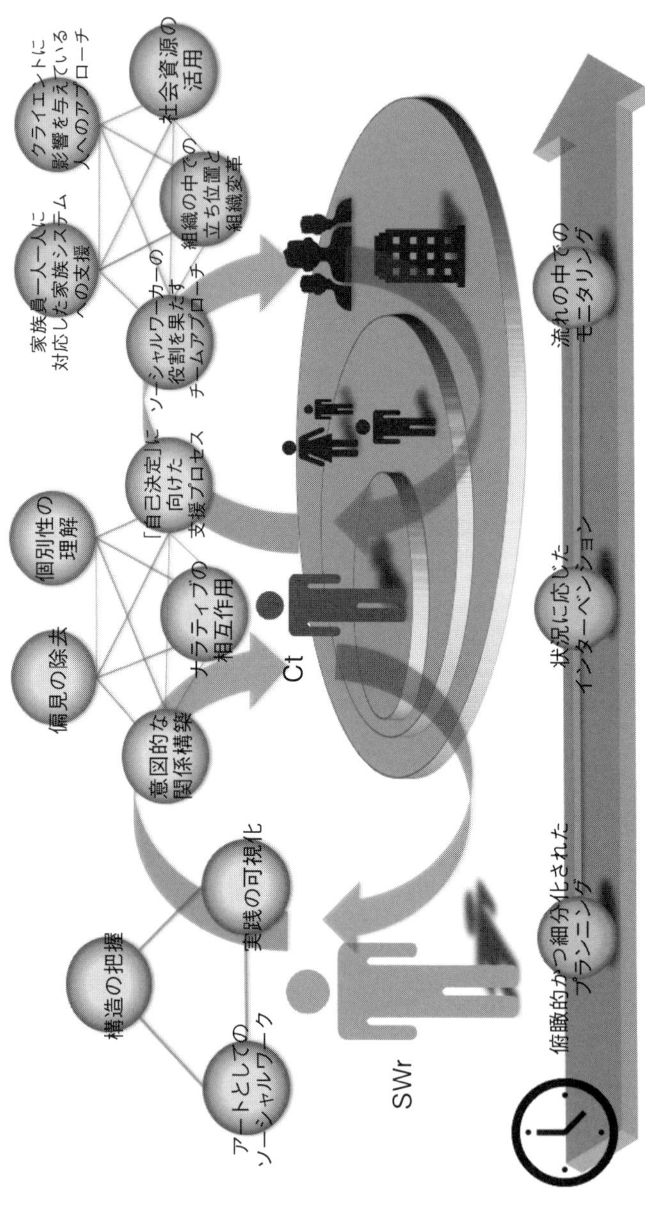

図1　「人間：環境：時間：空間の相互作用」のソーシャルワーク実践

分析軸が存在するとともに、状況理解の程度も異なれば、それらに挑む温度差も異なる。～つねに全体システムとの連動性や異なる透過性に注意を払い、構造と機能の関係性の解明に留意する必要がある」（佐藤 2009b：67）と述べている。さらにこれらを一元化する「交互作用」についても「現実に『人間：環境』の中間面において、相互的な因果関係をもたらす循環円フィードバック過程であるという事実」（佐藤 2001：158）であり、「相対的独自性のなかでの当該システム同士の相互変容関係」（佐藤 2001：158）と述べている。

このように個別的であり、多様な階層構造であり、絶対的でもなく、多様な分析軸が必要とされ、加えて要素同士が循環円フィードバック過程をする「人間：環境：時間：空間の交互作用」をソーシャルワーク実践において捉えるのは容易ではない。ここで佐藤が強調するのは「エコシステム的理解」である。佐藤は「人間の『生活世界』の複眼的把握に有効性を持ち、システム思考により全体と部分の階層構造的理解を上位システムと下位しシステムの概念で捉えることと、フィードバック・システムの援用によって統合的把握が可能となった」（佐藤 2009a：45）として、「エコシステム的理解」を用いて「人間：環境：時間：空間の交互作用」を把握することを提唱している。この「エコシステム的理解」をソーシャルワーク実践で具現化する視座こそ、佐藤が事例検討の際に繰り返し助言をしていた（構造の把握）ということになると考えられる。ソーシャルワーク実践において、ソーシャルワーカーがクライエントの「人間：環境：時間：空間の交互作用」を把握するために、〔生活課題のメカニズムの把握〕〔システムの総合的な把握〕という視座を持ち実践を行ないながら「人間：環境：時間：空間の交互作用」を捉えることを提言していると考えられる。

また佐藤はこのような「人間：環境：時間：空間の交互作用」を捉えた実践を行なうにあたり、ソーシャルワーカーの専門性の基本的要件について「（ソーシャルワーカーが行なうソーシャルワークが）『創造性を伴う知的な過程』でなければならないことである。日常のきまりきった仕事して、無意識的に流れ作業のようにことをすすめていくやり方は、知的な過程とは言えない。介入の時機と方法を意識化し、知的作用をとおして、開発的、創造的に働きかけることができなければならない。」（佐藤 2001：266）としている。このような「創造性を持ったソーシャルワーク」を具現化したものが助言のなかでも多く抽出された（アートとしてのソーシャルワーク）であろう。個別的であり、多様な階層構造であり、絶対的でもなく、多様な分析軸が必要とされ、加えて要素同士が循環円フィードバック過程をする「人間：環境：時間：空間の交互作用」を捉えながらソーシャルワーク実践を行なうためには、マニュアル的な支援では実践を行なうことは困難である。複雑で多様な交互作用のなかにあるクライエントに対してソーシャルワーカーがより良い実践を行なうためには、〔当意即妙な実践〕〔自分の面接スタイル〕〔創造性をもとにアートの側面があるソーシャルワークの展開〕〔試行錯誤のソーシャルワーク〕という視座を持ちながら実践をすることを佐藤は重要視をしていたと考えられる。

しかし一方で「ワーカーは、専門職者として社会から付託された使命を全うするため公的応責性・説明責任を果たす必要がある」（佐藤 2001：257）とし、その説明責任を果たす上で「ジェネラリスト・ソーシャルワークを展開するうえで、その実践過程を記録することは、支援を必要とする人にたいして適切な支援が行なわれているかどうかを確認するためにも、必要な業務である」（佐藤 2001：281）としており、アートな支援においても専門職として「記録」をすることの重要性を指摘している。加えて「支援計画をたてるさいには、関連職種のワーカーも交えて、とくに利用者の参加を促し、協働して取り組むことが大切である。」（佐藤 2001：297）「従来、専門職が単独で、もしくは複数で評価することが多かったが、今日では、可能な限り利用者を『参加』させて評価することが求められている。」（佐藤 2001：290）と、アートな側面を持つソーシャルワークにおいてもソーシャルワーカーはクライエントと全ての支援過程で協働関係のなかで支援を展開させる必要性について言及している。このような「ワーカーの説明責任」「記録の重要性」「クライエントとの協働作業」を具現化させたものが助言のなかで語られた（実践の可視化）であると考えられる。〔分析結果の記述〕〔状況の可視化〕〔相互作用の記述〕〔ストレングスの記述〕などを実施することで、「ワーカーの説明責任」「記録の重要性」「クライエントとの協働作業」などが実現できると佐藤は考えていたと言える。

(2)　「人間：環境：時間：空間の交互作用」におけるクライエント―ソーシャルワーカー関係

佐藤は「人間：環境：時間：空間の交互作用」における「人間」に関して、「人間は、そのような自然的システムの階層構造に位置しつつ、生命世界に属しながら、なお余りある独特の位置を占めている。自然システムにおける人間の独特の位置は、『意味の世界』に住んでいることであり、『意味』を媒介した『生活世界』を持っていることである。」（佐藤 2001：167）という人間観を提示している。さらにこのような「人間」を支援対象とするソーシャルワークにおいては、「利用者の人となりを理解し、利用者の主観的な意味の体系を把握し、利用者を人生の主人公として捉え、利用者の内在的理解に耳を傾ける。利用者の語るストーリーに寄り添いながら、利用者の川の流れがどのようであったのか虚心坦懐に理解する」（佐藤 2010：341）ことが求められるとしている。そしてそのようなクライエントとソーシャルワーカーの関係性として、「ソーシャルワーク関係は匿名者同士で行なうのではなく、有名者同士が行なうものだからである。しかもパートナーシップを基軸にして展開されるので、相互理解が前提となっている。」（佐藤 2010：342）と述べている。

このような「人間」であるクライエントに対峙するソーシャルワーカーに求められるものとして、佐藤は「ワーカーは自らの持つ歪んだ個人的感情によって、専門的支援関係に取り組んではならない。」（佐藤 2001：255）と主張している。しかし一方で「（ワーカーも含めた人間は）それぞれ各自の体験によって、自分なりの基本的傾向や基本的前提（性善説、性悪説など）を持っている。ワーカーは専門職として機能する以前には非専門職者であったのであり、そのとき持っていた基本的前提や傾向はどんなものであったのか、そして専門職として機能するようになったときに持った基本的前提や傾向はいかなるものであるのかについての内省的考察が必要になる。」（佐藤 2001：259）としており、「自己覚知」の重要性について言及している。このクライエントと対峙したソーシャルワーカーが求められる姿勢を実践現場に落とし込んだ概念が助言から抽出された（偏見の除去）と言えるだろう。具体的には〔クライエントを軽々しく定義しない〕〔レッテルを貼らないように証拠事実を把握する〕〔ワーカーの引いたレールを自己決定から捉え直す〕〔ストレングスを持つ人としての認識〕などを実践することによって、ソーシャルワーカーの個人的な主観によりクライエントへの支援が歪められることなく、「人間」としてクライエントを捉えることができると考えられる。

そしてさらにソーシャルワーカーが独自の意味世界を生きるクライエントを理解するために、「個別性（身体的、心理社会的、経済的、文化的等々）を重視してソーシャルワークを展開する必要がある。各人の生活の歴史が異なるように、その人の関わる問題は他の人の問題と類似していたとしてもその人にとって独自の問題であるので、その問題に適した支援の方法を個別化して用いる必要がある。」（佐藤 2001：251）としている。このような意味世界に住むクライエントを理解するための具体的な手法が（個別性の理解）ということであると考えられる。具体的には事例検討のなかで助言された〔クライエントの行動パターンの理解〕〔クライエントの置かれている位置の把握〕〔クライエントの多様性の理解〕〔クライエントのサブカルチャー（準拠枠）の理解〕〔クライエント独自の「辞書」の理解〕〔クライエントのストレングスの把握〕などを実践することによって、ソーシャルワーカーが独自の意味世界を生きるクライエントを理解することが可能になると考えられる。

また佐藤は社会構成主義からソーシャルワークを捉えたM.Payneの主張を参考に、ソーシャルワーカーとクライエントとの関係性を「主体（ソーシャルワーカー）と対象（クライエント）の『相互透過変容関係』」（佐藤 2001：21）として捉え、ソーシャルワーカーとクライエントとの相互作用によりクライエントの意味世界が変容していくと考えた。このソーシャルワーカーとクライエントの相互作用を実践のなかで具現化したものが、助言された（ナラティブの相互作用）であると考えられる。ここで助言された〔クライエントの生活世界（妄想体系）の語りの傾聴〕〔クライエントの語りを通して背景を読み取る〕〔クライエントの変化を読み取る〕〔観察者と共感者双方の視点の保持〕〔おおらかな構えと研ぎ澄まされた感覚〕〔クリティカルシンキング〕〔ストンと落ちていない感情の歯止め〕〔クライエントが話せるタイミングの見極め〕〔「愛のストローク」〕〔クライエントの「辞書」で話しかける〕など数多くの助言は、ソーシャルワーカーがクライエントと相互作用しながら生活課題の解決に向けて実践していく上での具体的な技術であると考えられる。

加えてこのソーシャルワーカーとクライエントとの関係性に関して、佐藤は「意識化の原則」（佐藤 2001：256）を重要視している。佐藤は「これは、専門的支援関係の過程は、専門ワーカーの意識的調整の過程でもあるので、ワーカーは自らの言動を意識化して支援関係を取り結ぶというものである。」（佐藤 2001：256）と説明して、ソーシャルワーカーがクライエントと意識的に関係性を構築していくべきであると言及している。これは助言のなかで語られた（意図的な関係構築）が具体的な手法であると考えられる。助言のなかでの〔関係性のアセスメント〕〔クライエントとのパートナーシップ〕〔ソーシャルワーカーの行動を意図的にクライエントに伝える〕〔ワーカーを起点とした関係性の拡大〕などは、この「意識化の原則」を実践するための具体的な手法であると言えるだろう。

ここまで述べてきたようなソーシャルワーカーとクライエントが相互作用する段階において強く佐藤が強調しているのが、「主体性尊重の原理」（佐藤

2001：251）である。佐藤は「主体性とは、紆余曲折する生活過程をその人なりの判断を下しながら、その人にとってはある程度一貫した論理と行動だと感化的に受けとめられているものをいう」（佐藤 2001：251）とし、そのなかで重要なものを「選択意思尊重の原則」（佐藤 2001：251）であるとした。またこの「主体性尊重の原理」には「自律性尊重の原則」と「自己決定の原則」（佐藤 2001：251-252）があるとし、この２つの原則をもとに支援関係を展開すべきであるとしている。この「主体性尊重の原理」を実践の場に落とし込んだ概念が助言のなかで語られた（「自己決定」に向けた支援プロセス）であると言える。この（「自己決定」に向けた支援プロセス）では数多くの助言をしており、この技術を佐藤が重要視していることがうかがえる。「選択意思尊重の原則」に関しては、〔メリット・デメリットの提示〕〔全体の腑分けを提示〕〔セカンドベストの提示〕〔変化を言語化する〕などの助言が具体的方法であると考えられる。また「自律性尊重の原則」に関しては、〔クライエントが自己決定するまでの時間〕〔ワーカーの説明の受け止め方の確認〕〔専門職判断を優先せずクライエントを信頼〕〔クライエントが直面化することの権利〕〔直面化できる状況にあるのかの判断〕〔直面化した後の対応の重要性〕などが具体的な方法であると言える。そして「自己決定の原則」に関しては、〔「流れをコントロールする」「流れに身をまかす」を天秤にかけたワーカーの判断〕〔クライエントとワーカーの意見のすり合わせ〕〔本人の考えだけの自己決定と専門職が介在しての自己決定の違い〕〔適切なリジェクト〕〔一緒に考える〕〔「接続的支持手続き」〕〔「接続的支持手続き」から「直接的指示手続き」へのギアチェンジ〕などが具体的手法の助言であると言える。

(3)　「人間：環境：時間：空間の交互作用」におけるソーシャルワークプロセス

佐藤は「人間：環境：時間：空間の交互作用」における「時間」に関して、

「未来を抱いて現在に生きる人間は、未来に『開かれた』人間である。しかしながら、未来を開くことができえない人間もいるし、『今は』未来を開けない、あるいはあえて開かない方がよい『状況』もある」（佐藤 2001：186）として、「人間」を支援するにおいて「時間」概念を取り込む重要性を指摘している。さらにリッチモンドやジャーメインの時間認識を引用しながら、ソーシャルワークにおいて「過去―現在―未来」への視点を持ち続けることの重要性を指摘している。（佐藤 2009a：48-49）このような「時間」概念を取り込んだ支援をさらに具現化するために、佐藤は「ソーシャルワーク過程（process of social work）」（佐藤 2001：226）をジェネラリスト・ソーシャルワークが成り立つ基本的構成要素の一つとして取り上げている。「ソーシャルワーク過程」とは、「価値・知識・技法・能力の総体を併せ持ち、さらにジェネラリスト・ソーシャルワークの基本的枠組みを体得したソーシャルワーカーと、社会関係を取り結ぶうえで何らかの支援を受ける必要のある利用者との介入過程をいう」（佐藤 2001：226）とした。

このようなソーシャルワーク過程の１つであるプランニングに関して、「それまでに集められた情報や証拠事実を中心にして行なわれたアセスメントを参考にして、具体的行動に移す前の方針・指針を明確にする段階である」（佐藤 2001：297）としている。「人間：環境：時間：空間の交互作用」を取り込んだプランニングにおける具体的な技術が、助言で語られた（俯瞰的かつ細分化されたプランニング）であると考えられる。〔アセスメントを前提とした援助計画〕〔俯瞰的・鳥瞰的な見方から計画の細分化〕〔良循環に向けたプランニング〕〔クライエントに不利益にならないプランニング〕〔変化のプロセスを落とし込んだプランニング〕〔優先順位を考えたプランニング〕などの助言が実践現場での「人間：環境：時間：空間の交互作用」を取り込んだプランニングを行なう際の詳細な技術として助言されたものと考えられる。

またプランニングの次の展開過程である、「立案された支援計画を元にして、多様な実践アプローチを用いて、『人間：環境：時間：空間の交互作用』によって展開される利用者システムに働きかける段階」（佐藤 2001：297）とされるインターベンションに関しての助言が（状況に応じたインターベンション）であると言える。佐藤は「ここで用いられる実践アプローチは１つとは限らない。実際上は、複数のアプローチが同時平行的に用いられる。」（佐藤 2001：297）としており、事例検討で助言された多様なインターベンションの手法、〔ストレングスをいい方向に持っていく〕〔良循環のシステムに向けた働きかけ〕〔行動療法によるクライエントの行動の変容〕〔自我の弱いクライエントへのアサーショントレーニング〕〔クライエントの社会的役割の価値づけ〕〔ナラティブアプローチ〕〔クライエントへの鳥瞰的な見方の教育〕〔主観的生活世界のビリヤード〕〔選択的注意を文脈に向ける〕〔時間軸と場を見据えた支援〕は、実践現場で用いることが可能な「人間：環境：時間：空間の交互作用」を取り込んだ多様なインターベンションの一部と言えよう。

そしてインターベンションの次の展開過程がモニタリングとなる。このモニタリングに関しては、佐藤は「新たな情報が加わったとき、予想を超えた事態の進行が見られたとき、予想した変化がみられなかったとき、あるいは、トラブルの続出によって、早急に支援計画の見直しが必要になったとき、一定期間ごとにアセスメントを行なうという取り決めのある場合などに行なわれる。」（佐藤 2001：299）としている。このモニタリングに関しての実践現場での具体的な技術として、（流れのなかでのモニタリング）という助言をしたものを考えられる。「人間：環境：時間：空間の交互作用」を取り込んだ具体的なモニタリングの技術として、〔介入～評価～モニタリングの一連の流れ〕と〔協働でのモニタリング〕などをソーシャルワーカーが持つべき技術として助言していた。

(4)　「人間：環境：時間：空間の交互作用」における「空間」を見据えた「環境」へのアプローチ

佐藤は「人間：環境：時間：空間の交互作用」における「環境」に関して、「Aさんからみれば、家族、施設職員、行政・機関職員、友人・知人などは『環境』に入る。いわばAさんの『人的環境』を構成する。～環境は人的環境ばかりではなく、福祉機器や居住設備などの物理的環境や地域環境、社会的環境、さらには自然的環境等を含むとともに、その範域も多種多様である。」（佐藤 2001：173）としている。また佐藤はチェッコー―ヤヌーフが提唱した①家族環境②参加環境③地域環境④国家環境⑤国際環境⑥宇宙環境の6つの環境を参照しており（佐藤 2009b：67-73）、これらをシステム理論と関連づけながら「ソーシャルワーカーは、当該システムの階層構造には留意はするが、つねに全体システムとの連動性や異なる透過性に注意をはらい、構造と機能の関係性の解明に留意する必要がある」（佐藤 2009b：67）としている。

そしてこの「環境」概念とも関連して、「人間：環境：時間：空間の交互作用」における「空間」に関しては、佐藤はボルノウの空間概念を参照しながら、ソーシャルワーク実践において着目するべき空間として、「個別領域を含み、人間に促進的、または抑制的に関係する『体験されている空間』」「人間に対してそれぞれの意味を持っている『体験されている空間』」「空間に対する人間の関係が問題になっている『空間』」の3つを取り上げている（佐藤 2009a：48）。このように佐藤はシステム論的な思考での「環境」の理解、さらにはその環境におけるクライエントの「空間」の存在を取り込むことの重要性を強調している。

このような6つの「環境」、そしてクライエントが位置する「空間」を取り込んだソーシャルワーク実践における具体的な手法として助言されたものが【環境に対するソーシャルワーク】であると考えられる。この【環境に対するソーシャルワーク】のなかでまず佐藤はクライエントにとって一番身近な環境であり、かつ生活空間をともに過ごすことの多い家族環境を重要視しており、この家族に関しては「他の集団や組織体と異なり、情動的で包括的であり、専門家を必要としない直接的、面接的、永続的な関係で、それ自身が目的になるとおいう特徴を持っている」（佐藤 2001：333）とし、「個人の問題として考えられる多くは、家族関係や家族機能の問題であることが少なくない。」（佐藤 2001：328）とした。そのうえで家族をシステムとして捉え、その危機に際して「家族システムは、システムが損傷するたびに家族内資源を用いて応急処置をはかるが、それが不十分な場合は、家族外資源の導入によって家族統合を維持しようとする」（佐藤 2001：331）と指摘している。このような家族環境へのソーシャルワーク実践での具体的な技術として助言されたものが（家族員一人一人に対応した家族システムへの支援）であると考えられる。助言された〔家族システムへの視点〕〔家族システムのなかにいるクライエントの認識〕〔家族システムへの働きかけ〕〔家族システムのなかで一番影響を与えている人への介入〕〔家族それぞれの意味世界の媒介〕〔家族のストレングスの言語化〕などは、家族環境並びにクライエントが生活する空間としての家族に対して、ソーシャルワーカーが具体的に介入する実践方法であると言える。

また佐藤はこの家族環境の外側に位置する参加環境を「友人、街区あるいは近隣クラブ、仲間集団、学校、診療所、民族集団、焦点、仕事から成る。」（佐藤 2001：130）としており、ソーシャルワーカーはこの参加環境に対するアセスメントにおいて「問題を解決するさいのキーパーソン（鍵となる人）」（佐藤 2001：296）についての情報を集めることの必要性について言及している。このような参加環境におけるキーパーソンとなる人へのソーシャルワークを具現化した助言が（クライエントに影響を与えている人へのアプローチ）ということになるだろう。ここで助言された〔クライエントシステムに影響を与えている人へのアプローチ〕は、参加環境にあるクライエントにとって影響を与えている人を把握し、調査し、関係構築を行なうという具体的なソーシャルワーク実践の技術であると言える。

加えて佐藤は参加環境の外側に位置する地域環境を「準拠集団、社会階層、制度、劇場、視聴者、自治体サービス、ボランタリー機関、政党支部、商工会議所から成る。」（佐藤 2001：130）と位置付けている。このなかでクライエントに対して支援を行なう他の機関とのソーシャルワーカーなどとの関係性に関して、「過度な専門分化や官僚制の弊害を克服することにもチームワークの機能があるので、（チームワークは）ジェネラリストにとっては大切な方法・技術である。」（佐藤 2001：240）としている。この地域環境におけるソーシャルワーカーの具体的な技術が、助言のなかでも多く語られた（ソーシャルワーカーの役割を果たすチームアプローチ）と考えられる。助言のなかで語られた〔縦割りではない横割りのチーム形成〕〔チームの力動性の分析〕〔チーム内でのソーシャルワーカーの視点の強調〕〔チーム内での情報の共有〕〔情報の共有と個人情報保護の線引き〕〔クライエントの自己決定のチーム内での共有〕〔チーム内での合意形成に向けた準備〕などは、この地域環境におけるチームワークの形成に向けた具体的な実践方法であると考えられる。

また佐藤はソーシャルワーカーの準拠集団である所属する組織とワーカーの関係性に関して、「ワーカーは、所属組織の制約によって影響を受けるほか、組織を人間的に作り替えることもできる。」（佐藤 2001：220）としている。さらにソーシャルワークにおけるアドミニストレーションと関連づけながら「ワーカーの役割としては、組織目標に即した専門的知識・技術の実践行為、専門職業的価値基準に即した実践活動、それらの間に生じる組織葛藤にたいする民主的葛藤解決の実践活動などがある」（佐藤 2001：232）とも述べている。このようなソーシャルワーカーが準拠集団である組織に対しての実践方法として助言されたものが（組織のなかでの立ち位置と組織変革）であると考えられる。ここで助言された〔ワーカーも含めた組織構造の把握〕〔組織構造のなかでソーシャルワーカーの業務の検討〕〔組織のなかでソーシャルワーカーの声を上げる〕は、地域環境のなかでソーシャルワーカーが自らの所属する組織に対しての具体的な実践技術であると言える。

そしてこの地域環境のなかにある自治体サービスやボランタリー機関など、いわゆるクライエントにとって生活課題の解決に関係する様々な社会資源に対して、佐藤は「社会福祉支援システム開発の原則・社会福祉支援システム維持強化の原則・社会福祉支援システムと関連システムの連携調整の原則」（佐藤 2001：257）がソーシャルワークの基本的原則の１つであるとしている。このような地域環境のなかにある社会資源に対する具体的なアプローチ方法として（社会資源の活用）を助言していた。ここで助言された〔機能する社会資源の活用〕〔社会資源の教育〕〔ソーシャルサポートネットワークの構築〕などは、地域環境のなかにある社会資源に対する具体的な実践技術であると考えられる。

⑸　「人間：環境：時間：空間の交互作用」における包括的な実践

ここまで、本稿において構造化された佐藤の助言と「人間：環境：時間：空間の交互作用」概念を関連づけながら、佐藤の「人間：環境：時間：空間の交互作用」概念に即した具体的なソーシャルワーク実践とは何かという点に関して、助言の構造をもとに個別的に考察をしてきた。本稿は助言の構造化を目指したため、佐藤の助言の構造はいわゆるソーシャルワークにおける「視座」「モデル」「アプローチ」が混在している形になっている。本来であれば、個別具体的に「視座」「モデル」「アプローチ」に分けて構造化することが必要であったかもしれない。

しかし一方で佐藤は「この『人間：環境：時間：空間』概念を一元化して理解しない限り、社会福祉の実践はつねにボタンの掛け違えに終わる危険性が付きまとう。」（佐藤 2001：158）と述べている。佐藤はこの「人間：環境：時間：空間の交互作用」に言及する際に、繰り返し「：」で繋がれていることの意味を重要視し、「人間：環境：時間：空間」はワンセットで捉えられるべきものであることを強調してきた。さらにはこの「人間：環境：時間：

空間」の後に続く「交互作用」に関しても、「交互作用が現実に『人間：環境』の中間面において、相互的な因果関係（reciprocal causality）をもたらす循環円フィードバック過程（circular feedback process）であるという事実によって生じる」（佐藤 2001：158）としている。

つまりは本稿で考察してきた佐藤が助言した「人間：環境：時間：空間の交互作用」に基づく具体的なソーシャルワーク実践に関しても、「視座」「モデル」「アプローチ」のように個別的に理解されるものではなく、それぞれの具体的な技術が関連し合いながら、同時並行的に実施をされながら、ソーシャルワーカーが体現することで本当の意味でのクライエントへの支援とつながるものと考えられる。個々の個別具体的な実践場面において、ソーシャルワーカーがどのようなクライエント、どのような場面、どのような状況においても「人間：環境：時間：空間の交互作用」に着目をしながら、本稿で明らかとなった具体的なソーシャルワークの「視座」「モデル」「アプローチ」を用いて包括的・統合的に実践を行なうことこそが「人間：環境：時間：空間の交互作用」に基づくソーシャルワーク実践であると考える。

5．終わりに

筆者は実際に佐藤のスーパーバイズを長年受け、個別の事例を相談するたびに「人間：環境：時間：空間の交互作用」に基づく助言・アドバイスを受けてきた。そのたびに学生時代より学んできた「人間：環境：時間：空間の交互作用」に基づくソーシャルワーク実践の理解が深まり、自らのソーシャルワーカーとしてのアイデンティティが確立されていったと感じている。当然実際の支援場面において、助言・アドバイスをもとに再度クライエントと向き合うことで、クライエントの理解がさらに深まり、支援が好転することもよくあった。一方で自身の「人間：環境：時間：空間の交互作用」の理解が浅かったり、助言・アドバイスを実行するだけの実践能力が身についていない場合などは、なかなか実践に活かせない場面にも遭遇した。これは本稿をまとめるなかで、「人間：環境：時間：空間の交互作用」がやはりメタ理論であり、考察でも述べた通り一場面での理解や助言された技術だけではなく、全体的な視点による包括的な支援が行なわれることが必要であったことが改めて理解することができた。

佐藤は「今後期待されるのは、人間：環境：時間：空間の交互作用の視座をソーシャルワーク実践において使えるようになるツールの開発である。演繹的な説明だけでは活用可能なツールとはなりえない。実際的な事例から帰納的に抽出することによって、応用可能な実践ツールが開発されることが期待される。」(佐藤 2010：342)と述べている。本稿は莫大な数の佐藤のスーパーバイズ実践のほんの一部分を分析したに過ぎず、また佐藤の助言の全体的な構造化を主眼としたため、具体的なツールの開発までは至っていない。しかしながら、佐藤の「人間：環境：時間：空間の交互作用」概念を少しでも具体的なソーシャルワーク実践に落とし込むことはできたのではと自負している。今後も本稿では分析しきれなかった佐藤のスーパーバイズ実践の分析に取り組みことをここで宣言しつつも、本稿が上記の佐藤の期待に少しでも応えられていれば幸いである。

[注]

1）田村健二・満喜枝夫妻によるスーパーバイズの実際に関しては、日本社会福祉実践理論学会監修・田村健二・満喜枝編著（1997）『教材社会福祉実践事例集　児童・家庭相談の実際』で詳細に確認することができる。

2）ソーシャルワーク実践研究会とは、東洋大学で教授であった佐藤豊道をスーパーバイザーとし、佐藤ゼミ出身生で実践現場に出ているソーシャルワーカーが自験例を発表しスーパーバイズを受けるクローズドな事例研究会であり、佐藤が東洋大学に在任中の1996年から2016年まで定期的に開催された。

3）新保は単著である新保祐光（2014）『退院支援のソーシャルワーク—当事者支援システムにおける「状況的価値」の形成』相川書房のなかで、佐藤によるスーパーバイズの様子を詳細に記している。また筆者も、久保田純（2020）『母子家庭へのソーシャルワーク実践モデル―「当事者主体」に向けた「『揺らぎ』に基づく合意形成」―』風間書房のなかで、佐藤によるスーパーバイズの内容を掲載している。

［参考文献・引用文献］

浅野正嗣（2010）「スーパーバイジーのソーシャルワーカーとしての自己理解の深化のプロセス」『医療社会福祉研究』18, 21-32.

Flick, Uwe（1995）*Qualitative Forschung*. Rowohlt Taschenbuch Verlag GmbH.（＝2002, 小田博志・山本則子・春日常・ほか訳『質的研究入門』春秋社）

樋口明子・久保田純・村松愛子・國吉安紀子・新保祐光・佐藤豊道（2011）「【実践報告】ソーシャルワーカーの成長からみる事例検討会の意義」『ソーシャルワーク研究』36(3), 66-71.

平塚良子（2011）「ソーシャルワークの実践観」『ソーシャルワーク研究』36(4), 60-67.

Kadushin, Alfred., Harkness, Daniel（2009）*Supervision in Social Work 5th ed.* Columbia University Press.（＝ 2016, 福山和女監修『スーパービジョンインソーシャルワーク第５版』中央法規）

神林ミユキ（2017）「スーパービジョンセッションにおいてスーパーバイザーが用いるスキル―ソーシャルワーカーによるスーパービジョンの質的調査―」『社会福祉学』58-1, 71-85.

小松原京子（2014）「主任介護支援専門員のスーパービジョン実践に関する研究―成長の要因と実践方法―」『ソーシャルワーク学会誌』28・29, 1-11.

久保田純・樋口明子・村松愛子・渡辺久美子・新保祐光・佐藤豊道（2008）「【実践報告】実践現場におけるソーシャルワーカーの『揺らぎ』―ソーシャルワーク実践研究会の逐語録からの検証」『ソーシャルワーク研究』34(3), 67-74.

久保田純・樋口明子・村松愛子・國吉安紀子・新保祐光（2010）「ソーシャルワーカーの経験年数における『揺らぎ』の差異」第27回日本ソーシャルワーク学会（学会発表）

小原眞知子（2018）「組織外のスーパービジョン体制の意義」福山和女・渡部律子・小原眞知子・浅野正嗣・佐原まち子編著『保健・医療・福祉専門職のためのスーパービジョン　支援の質を高める手法の理論と実際』ミネルヴァ書房, 159-160.

大谷京子（2019）「ソーシャルワークスーパービジョンスキルの評価指標開発―認定スーパーバイザーへの質問紙調査を通して―」『ソーシャルワーク学会誌』38, 39-50.

佐藤郁也（2008）『質的データ分析法　原理・方法・実践』新曜社.

佐藤豊道（2001）『ジェネラリスト・ソーシャルワーク研究　人間：環境：時間：空間の交互作用』川島書店.

佐藤豊道（2009a）「人間：環境：時間：空間の交互作用［1］―概念の基礎理解―」『ソーシャルワーク研究』35(1), 45-50.

佐藤豊道（2009b）「人間：環境：時間：空間の交互作用［２，３］―再考『６つの環境』―」『ソーシャルワーク研究』35(3), 67-73.

佐藤豊道（2010）「人間：環境：時間：空間の交互作用[4]―視座と活用―」『ソーシャルワーク研究』35(4), 57-62.

高山恵理子・石川久展（2018）「スーパービジョンの研究」福山和女・渡部律子・小原眞知子・浅野正嗣・佐原まち子編著『保健・医療・福祉専門職のためのスーパービジョン　支援の質を高める手法の理論と実際』ミネルヴァ書房, 339-362.

宇都宮みのり（2004）「続・大学と現場を結ぶスーパービジョン・システムの可能性―児童養護施設に勤務する新人ソーシャルワーカーの成長記録―」『東海女子大学紀要』24, 33-51.

山口みほ（2011）「ソーシャルワーカーを対象とした職場外個別スーパービジョンの意義」『ソーシャルワーク研究』36(4), 68-74.

渡部律子（2018）「スーパービジョンの効果と意義」福山和女・渡部律子・小原眞知子・浅野正嗣・佐原まち子編著『保健・医療・福祉専門職のためのスーパービジョン　支援の質を高める手法の理論と実際』ミネルヴァ書房, 4-19.

ソーシャルワーク実践研究会における退院調整における経済的支援についての検討
—緩和ケア移行期の事例—

内田　栄美

はじめに

筆者は医療機関でソーシャルワーカーとして勤務している。医療機関では疾病や障害により生活課題が浮き彫りになり、支援を必要とするクライエントが多くいる。

医療機関でのソーシャルワーカーの支援は、所属する医療機関の機能が明確に限定されることもあり、時間的な制約のなかで、より良い支援をするためにはどのような働きかけが必要であったかと心に引っかかりを覚える事例も少なくない。今まで、院内での事例検討の他、ソーシャルワーク実践研究会に参加し、佐藤豊道の「人間：環境：時間：空間の交互作用」を軸とした支援のあり方について教示を受けてきた。佐藤豊道の言葉や諸先輩の指導が現在の筆者自身のソーシャルワークに影響を及ぼしている。

本稿ではまずソーシャルワーク実践研究会で検討した事例について実際にどのような検討がなされたのか記述していく。次に筆者がソーシャルワーク実践研究会で得た知見をもとに実践を試みた事例を取り上げる。この2つの事例を通して、筆者がソーシャルワーク実践研究会で得た学びについて記述していく。

なお、個人情報保護の観点により、事例の内容については加筆修正を加えている。

１．ソーシャルワーク実践研究会検討事例

⑴　事例検討会への事例提出の理由

医療ソーシャルワーカーは退院支援と並行して経済的支援も行なう必要があると考えられるが、本事例では妻の「経済的な問題の解決を図るために退院を待ってほしい」という思いと、本人や医療者側の「早期退院し在宅療養を整えることを優先したい」との考えをすり合わせていく必要があった。しかし本事例を支援していくなかで、ソーシャルワーカーとして本人の意向より妻の意向を尊重した結果となっているのではないかとの思いがあった。また、現在再入院をしているがこれまでの関わりのなかで今後ソーシャルワーカーとしてどのように対応していけばいいのか悩み、事例検討会にてスーパービジョンを受けることとした。

⑵　事例概要

○○がんステージⅣ。骨転移の緩和的放射線治療のため入院。以降はがんに対する治療終了となり、対処療法・緩和ケアの対象となった。治療終了後の退院支援として介入。

⑶　事例経過

まずソーシャルワーカーが勤務する病院に本人が入院し、治療終了後のことを検討するために、医療ソーシャルワーカーが介入を開始し妻と在宅調整のため面談を実施した。妻は本人の介護保険の申請をし、介護サービスの準備後の退院を希望していた。ソーシャルワーカーとの面談のなかで、介護保険のサービス調整を行なうことに合意された。妻からの話によると、もともと本人は単身赴任をし、他県でがん治療を行なっていたが、傷病手当金など

を申請せずに早期退職され、自宅に戻り療養していた。通院中、痛みが増強し入院となった。退職金や入院中の生命保険金が給付されており、所得区分も上位所得者であった。経済的に即困窮することはなかったが、ソーシャルワーカーは障害年金などの活用を情報提供した。家族の介護経験により妻は、「本人が帰ってきたら家を空けられない」と、障害年金などの事務手続き終了するまで退院を待ってほしいと希望された。

ソーシャルワーカーは、この面談から妻より現在無収入になっていることの経済的な不安の訴えを聞き、生活者としての視点から経済面での支援も必要と考えた。面接終了後、妻も障害年金の手続きには積極に取り組む様子が見られ、本人に代わって書類を取り寄せ社会保険事務所に手続きに行なった。ソーシャルワーカーより本人へは障害年金の手続きを妻が行なうことを説明し、より上位級の診断を得るためには他科の診察や身体計測が必要なことを提案したが、本人は手続きに時間がかかるのであれば主科の診断書だけでよいと経済的な問題を重要視していなかった。

本人と妻との面談後にソーシャルワーカーが話を聞いたところ、妻に対して本人からは早く退院できるようにしてほしいと言われたとのことだった。ソーシャルワーカーが妻の作成した障害年金の書類を確認するなかで、前医では本人へ別の抗がん剤治療を提案したが緩和ケアを希望されたとの一文があり、妻に確認をすると本人が自分で治療の意思決定をしていたことを話された。

ソーシャルワーカーは主治医へ、妻の意向を伝えながら退院時期について了解を得たが、主治医からは、「予後不良であるから、良い時期に退院しないと自宅で療養できる時間が長く取れない。」とのことだった。結果的に妻のペースで在宅準備をしつつ、生命保険のリビングニーズ特約の申請や障害年金の申請を済ませての退院となった。

退院し在宅療養を開始してから数か月後、本人が緊急での再入院をされた際、ケアマネージャーよりソーシャルワーカーに連絡があり、「妻から連絡があり、亡くなったときに家に連れて帰りたいと（スペースを空けるために）ベッドの引き上げを済ませた」「本人が入院をぎりぎりまで希望しなかった」「妻は在宅での介護をやり切った思いなのではないか」とのことだった。しかし今回の再入院では緩和ケアに移行し、これまでの経過も踏まえて本事例の関わり方について悩むこととなった。

(4)　事例検討から学んだこと

本事例に対して、スーパーバイザー（佐藤豊道）から以下のようなアドバイスがあった。

- 本人と妻は分けることのできないトランザクションシステムである。夫婦関係は動態的なシステムであり交互作用しあう。
- 緩和ケアに移行している患者家族に対し、「デスエデュケーション（死の準備教育）」についてどう考えるか。本人がどのような死を望むのか、本人も家族もどうすれば納得できるのか覚悟をもって支援していく。
- 妻の抱える問題，環境，行動特性をワーカーが波長合わせをし、その思いに近づけるのか、妻がどう看取っていきたいのかを意図的に介入していく支援が必要である。

スーパーバイザーからのアドバイスを聞き、筆者はクライエントを妻・本人に分けて考えていたことに気が付き、クライエントシステムとしてとらえ直すことができた。必要により、本人・妻と一緒の面談をし、話し合いを促す、関係性に働きかけるなど合意形成を確認していく作業が必要であったと考えた。

また筆者は、支援が進行しているなかで、どのようなアプローチをしているのかを意識し、明確にすることができていなかったことに気がつくことができた。退院支援では、長期の入院を解決する必要があると考えるのは医療提供者側であり、社会の要請であることが多い。そのため医療ソーシャルワーカーの退院支援については退院や転院をしてもらうことが最終的な課題の解決と考えがちである。しかし医療ソーシャルワーカーがクライエントシステムまで捉えた思考をしながら、クライエントとの面談のなかで課題を明確にし、合意形成された課題の解決を図っているとすれば、課題中心アプローチで支援していると言えるものなのか点検する必要があるだろう。スーパーバイザーからは日頃より、エビデンスベイスドソーシャルワークについて教えを受けることが多く、根拠のある支援ができているかを常に心において取り組む必要性について学ぶことができた。

2．事例検討会での知見をもとに実践した事例

次に事例検討会から得られた教訓をもとに、同様に退院支援と経済的な支援を行なったケースがある。

(1)　事例概要

○○がんステージⅣ。体動困難となり症状コントロールのため入院。以降は緩和ケアの対象となった。治療終了後の退院支援として介入。

(2)　事例経過

ソーシャルワーカーが勤務する病院に本人が入院後、治療終了をした際に今後のことを検討するために、ソーシャルワーカーが介入を開始し妻と在宅調整のため面談を実施した。妻からは、家庭内別居状況であり、本人は就労していた時から家庭にお金を入れていなかったこと、妻はパート就労で生計を維持しており、大学進学を希望する子どもがいることが語られた。また本人が緊急入院した時には数か月前より無職になっており、会話も歩行もできない状態であった。

本人のがんの治療は緩和ケアのみとなり、病院側からは早期の退院支援が

求められた。本人家族は個室代が負担できないため、ソーシャルワーカーは院内で急性期病棟から他病棟への転棟を主治医に提案したが、チームで検討した結果長期的な病状安定が見込まれることから他院への転院方針となった。

本人からの意志表出が困難なこともあり、妻の意志決定で転院相談を進めていくことになる。ソーシャルワーカーが支援する途中の経過で、妻より「今、離婚したらどうなるのか」という気持ちの迷いが聞かれたが、妻より、本人の支援を他の家族に担わせることはできない、また過去も問題解決に取り組んできたことを話され、妻の決意が固まった様子であった。

相談経過のなかで医療療養型病院への転院が検討されるようになり、ソーシャルワーカーから転院相談先のソーシャルワーカーへ個室代の負担ができないこと、心理的にも、経済的にも妻が在宅で介護をすることは難しいことを伝えた。障害年金の手続きについてはソーシャルワーカーが妻に対して申請までの支援をしていくこととした。

ソーシャルワーカーから、妻へ転院の相談とあわせて障害年金の手続きについて説明し、具体的な情報提供をすること、妻へ今まで様々な課題解決をしてきたことをエンパワーメントすることで、限られた時間のなかでも妻は手続きを進めることができた。また、転院までに障害年金の申請まで書類が整わなかったため、ソーシャルワーカーが転院後に妻と再面談し状況確認をした。後に、妻から障害年金の受給が開始されたこと、療養先で他界されたとの報告を受けた。

(3)　本事例に関する考察

先に紹介した事例検討での学びを得てから、筆者は患者のがんの症状が進行され、緩和ケアの対象となった場合、どのような場所で最後の時間を過ごすのか、介護を必要とした場合はどのようなケアを受けたいのか、医療的な管理はどんなことを希望するのかを本人や家族に具体的に話を聞くようになった。これは家族をシステムとして捉える思考、「デスエデュケーション

（死の準備教育）」、本人や家族の思いに寄り添う態度を意識した結果である。一方で病状が悪化した場合や死を想定した話については覚悟をもって聞く必要があると佐藤豊道から教えを受けており、その点に関しても十分に配慮した上で関わるようになった。

本事例に関しては、ソーシャルワーカーが関わり、病状理解の促進、情報提供、家族間調整をすることでクライエントが迷いながらも自己決定していくことができたのでは、クライエントの優先したい価値を確認してく作業のなかで、デスエデュケーションができたのではないか、と考えた事例である。

3．終わりに

医療ソーシャルワーカーは退院支援と同時に経済的な支援を行なうことは多々ある。筆者はソーシャルワーク実践研究会での学びを深めた結果、このような複合的な課題を持つ事例に関してチェンジエージェントシステムとしての医療機関の生命尊重と機関機能の遵守という価値のなかで、短期的な支援目標と長期的な支援目標という時間軸も検討しながら支援をしていく視点を持つようになった。

一方で現状では退院支援の促進、時間軸が個々の状況に寄り添う猶予なく短期目標での支援にとどまってしまうことが多いという反省もある。ただ可能な限り、退院支援のなかで経済的な問題が優先課題となる場合も、クライエントへのアプローチと退院支援に経済的な問題がどのように関係してくるのかチームへフィードバックしすり合わせをしている。

また、一つの医療機関では問題解決に至るまでの時間がないこともあり、連携する機関へ継続したソーシャルワーク支援を依頼することを心がけている。ひとつの医療機関では解決しない事柄を長期の視点でつながりをもって次の支援者に引き継いでいくことが退院支援では大切ではないかと感じている。ソーシャルワーカーが行なう退院支援では、面談時にクライエントの考えや思いを聞き、連携する医療機関や在宅調整の支援者へ橋渡しをしていく必要がある。クライエントの医療的な情報以外にクライエントの解決すべき課題やクライエントの大切にしている価値をソーシャルワーカー同士のコミュニケーションとしてどのように伝えるか、聞くかが大切になる。転院の調整の場合はなぜ、その病院を転院先として希望したいのか、転院後の療養で希望していることなどと、解決課題を丁寧に伝えることが求められる。時には、チェックリストに沿った内容で質問され、条件に当てはまらないとの理由で院内での検討もされずに受け入れ不可と伝えられる場面もある。受け取る側のソーシャルワーカーがクライエントの課題解決に力を貸そうとしたときには、受け入れる側が所属機関に働きかけ、支援の継続をしてくれることもある。同じ共通の視点を持ったソーシャルワーカーがいることで、地域の医療・福祉を支えていけることを実感している。

このような視点が持てるようになったのも、長年にわたる佐藤豊道先生からのスーパービジョンがあったからこそと強く感じている。

ソーシャルワーク実践における記録の意義の再発見
―小児がんの再発例の患児家族とのかかわりを通して―

樋口　明子

はじめに

本事例はソーシャルワーク実践研究会での事例検討を通して得た知見を整理したものである。

本事例の提出理由は、小児がんの再発により治療の選択の幅が狭まり、今後の見通しの不安を抱える家族に対し、ソーシャルワーカーは危機的状況での介入以降、状況の変化によってその関わりも、関わりの目的も短期間で変化させていったが、十分に意識された計画のなかで進められたと確信できるものではなく、ソーシャルワーカーの頭のなかだけでの意図で経過をたどっていったために、この機会に事例を整理し、今後にいきるソーシャルワーク実践を考えたい、というものであった。

なお、本事例においては事例検討前に代理人として保護者の同意を得て提出をした。尚、事例の本質を損なわない範囲でフィクションに改変を行なった。

1．事例検討の概要

(1)　背景

小児がんは成人癌と比べて、上皮性の癌が少なく肉腫と呼ばれる白血病、脳腫瘍、悪性リンパ腫、骨肉腫、奇形腫などがあり、成人より小児の化学療法の感受性が高いため根治療法として化学療法、放射線療法、手術を組み合わせた集学的治療を取られることが多く、治療期間及び入院期間は長期になる。また、治療終了後の人生が50－60年あることから考えても、治療終了後におこる治療による副作用（晩期合併症）、再発、二次がんなどのリスク、社会生活での困難さも多く、医師、看護師、心理士、教員、栄養士、薬剤師など様々なスタッフがチームとして関わるトータルケアの概念が1970年代から実践されている。そのなかでも小児がん患児家族へのソーシャルワークは、入院中だけではなく退院後の生活社会をも対象とするため、疾患や生活状況の変化、家族構造の変化へ受容の支え、教育保育の橋渡し、死別後のケアなど、その業務は多岐に渡り、欧米ではチームのなかでの中心的役割を果たしている。

事例提出者の勤務する親の会は世界でも古い会のひとつであり、日本では設立された1968年当時では唯一の小児がん患者家族支援団体であり、療養環境の整備だけではなく、治療開発、小児がん医療に従事する医療スタッフへの教育支援にも関わってきている。様々な支援団体・組織が増えてきた現在においても、ソーシャルワーカーを常駐させた相談を行なっているのは唯一の団体であり、ソーシャルワーカー５名で、全国から寄せられる年間延べ約18,000件の相談に応じ、その多くは電話及びメールでの相談によるものである。相談においては、全国の小児がんの治療にあたる医療施設との連携を図りながら行なっているが、匿名性も許しているため、患者家族の了解がない限り医療機関へ連絡をとることはせず、相談者との対話のなかで相談支援を行なっている。また昨今では、小児がんの治療後に起こる晩期合併症のケアや二次がんなどの相談も増加傾向にある。

(2)　事例概要

母親・父親・患児の３人家族。母親は病院内で泊り込みの付き添い。父親は仕事のため土日の面会も難しいときがある。

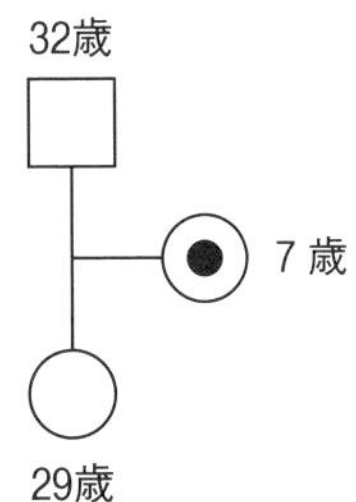

19XX年（4歳）　小児がんと診断され、化学療法のみで治療終了

19XX年（6歳2ヶ月）　再発し、再発プロトコールにて加療

19XX年（7歳1ヶ月）　治療中再発

2．事例の経過

第Ⅰ期：治療法の模索

母親より電話にて「ここまで頑張ってきたのに再発をしてしまった。今回は治療中の再発ということもあり、前回とは異なり次の治療の選択は容易ではないとも言われた。根治させたい気持ちも強いが、強い治療をしてもまた再発をして入院をせねばならなくなるのであれば、もう無理もさせたくない気持ちもある。免疫療法なども含め、何か効果的な治療方法はないか。」の相談を受け、ソーシャルワーカーとの面接を行なった。家族構成、現在の医療体制、生活状況、及びこれまでの経過を聞くなかで、病気を発見してあげられなかった自分への責め、これまでは深く知ることが怖く親の会や支援団体とは接することを避けてきたが、今回は後悔をしないためにも出来うる限りの情報を集めたいと思って思い切って連絡をしたと涙を流しながら自身の感情も表出された。ソーシャルワーカーより、感情を受容した上で、提供できるサービスの内容と限界を説明した。家族が他の治療方法の可能性を探していることを主治医は知っているかどうかの確認を行ない、感情と情報の共有を主治医と図っておくことの大事さを伝えた。

面接後、ソーシャルワーカーのケースミーティングにて母親のこれまでの経過からも、母親の気持ちに寄り添い、心理社会的サポートに重きを置き、対応に一貫性を持たせること、今後の状況に応じて必要な社会資源を検討することを同僚内での共有をはかり、介入方針を立てた。その後、家族の了解を得た上で専門医にコンサルテーションを開始したところ、現在提供されている治療方針は妥当であり、ましてや現在の治療方針以上の治療を提供できる施設自体が少ないとの意見が得られた。そこで、ソーシャルワーカーは話にて得られた意見を母親へ伝えるとともに、必要であればセカンドオピニオンを受けることも方法のひとつであることを伝えた。ただし再度、治療のリスク、メリット、デメリットを主治医に確認をして、家族が不安に思っていることも主治医には伝え、十分に話し合った上で、どうするかは決めた方がいいと伝えた。その後、家族より主治医へ、不安があり、情報を得るために相談機関に相談をしたことが話され、出来ればもう一度今後の治療について話し合いをしたいと申し入れをし、すぐに話し合いがもたれた。その話し合い後に、母親よりソーシャルワーカーに電話があり、今回は前回の再発時以上の治療を行なっているにも関わらず、腫瘍の増幅がみられ、これまでとってきた治療方針ではおそらく腫瘍の増幅は抑えることができないこと、今回の治療で根治を目指したいが、難しい場合もあること、たとえ治療を終了することができても、不妊や成長など障がいが残る可能性もあると主治医から説明があったと報告された。ただ、今回は自分たちの気持ちや不安も伝えることができたと語り、同時に本人への説明の仕方についての不安、死を意識した怖れも語られるようになった。

第Ⅱ期：疾患及び治療方法に対しての患児及び母親の受容と対処

家族の話し合いの結果、今回提示された治療方針で治療を決意するも、その説明をするにあたっての患児の情緒面での不安が強く、母親よりソーシャルワーカーへ患児への心理的サポートの依頼があった。主治医の許可を受け、ソーシャルワーカーと患児との面接を行ない、患児とも相談をした上で治療説明の際にソーシャルワーカーが同席することになった。主治医からの治療の説明の後、治療の方法については一緒に決めたいこと、嫌なことはしないという主治医の言葉に、患児は声を上げて泣くも、しばらくの後に顔を上げて「頑張る」とひと言、言葉を発した。医療スタッフの退室後、両親、ソーシャルワーカーとで患児に対し、これまでの頑張り、悔しい気持ちは当然、今も先生に自分で言えたことの評価、今後不安になったことは話していこうと確認を行なった。

以降、ソーシャルワーカーは病室を訪問し患児および母親への面接を重ね、感情の表出を促し、不安を共有し、今後の治療生活についての情報提供を行なっていった。

第Ⅲ期：新たな生活へ向けて

治療は順調に経過し、痛みや倦怠感が無くなったことで患児の不安が減少するにつれ母親の不安や怖れも減り、今後の生活面での工夫や復学についてに話題が移行していった。ソーシャルワーカーは、外出時の子ども用車いすの貸出や、当事者の許可を得て同じような経験をしている小児がん経験者や家族の紹介など情報提供を行なうとともに、母親の復学までの情報収集、選択、手続きなどを行なう際の情報の整理と感情の共有を図っていった。退院後現在も関わりを継続している。

まとめ

それぞれの時期の内容と相談者、期間とその間の関わりの回数を表１に示した。第Ⅰ期は信頼関係を築きながら、情報収集を行なっている期間でもあり、３日に１回程度の関わりだったのが、短期間での危機介入が必要になった第Ⅱ期では関わりも頻回になり、直接会う回数も増えている。同時に、主治医をはじめ病院のスタッフはもちろんのこと患児にも、ソーシャルワーカーとの関わりを話していない第Ⅰ期とは大きく異なり、第Ⅱ期にはソーシャルワーカーとの関わりが公然となったために病院への訪問など積極的な

表１

	内容	主たる相談者	目標	期間・手段
第Ⅰ期	再発の診断のショックから抜け、もうそろそろ治療を終える段階での再々発ということもあり混乱し、不安や悲しみが先に立ってしまい模索をしていた。	母親	信頼関係の構築 提供できるサービスの紹介と限界の説明 現況の情報収集と求める情報に対する検索・情報提供	38日間 電話12回 面接１回
第Ⅱ期	主治医と家族とで正直なコミュニケーションを図ることが可能になったことで、家族が話し合い治療の選択を行なうことが可能になった。一方で患児本人への説明の問題があがった。	母親 患児	医療情報の整理 家族内での情報の統一化と再統合 適切な感情表現の支持 保護者及び患児の疾患及び今後起こりうる状況に対する受容	11日間 電話３回、 面接５回、 メール２回
第Ⅲ期	治療の不安も解け、今後の不安は残るものの退院後の話ができる状況に。家族も長期展望が出てきたことで学業の問題や将来について語るようになってきた。	母親 患児	医療情報の整理 今後の社会生活への準備 障害の受容 家族の再統合	146日間 電話３回 面接８回 メール33回

関わりが可能になったことも影響している。治療方法も固まり、患児への説明も行ない、医療スタッフ、家族が一丸となって治療が開始され、先の方向性が見始める第Ⅲ期になると関わりも少なくなり、近況報告や日常の不安などの感情の吐露、今後の生活の情報収集といったメールでの関わりが増えてきている。この頃になると、家族のネットワークの広がりと周囲へのソーシャルサポートの求め方の堪能さを評価し、ソーシャルワーカーはそれまではソーシャルワーカーが調べ、情報提供を行なっていた関わり方から、知りたい情報に行きつくための情報収集の方法をともに考え、整理することで家族自身で情報収集を行ない選択できるような関わり方へと移行していった。

患児家族の状況を図１に示した。母親は患児と共に病院生活を送り、父親との別居生活が続いており、両親が共に病気について話をできる時間は十分には持てていない。特に、医師との話し合いは日頃の連絡が密な母親に重きが置かれることも多く、特別な場ではない限り父親との話し合いが出来てい

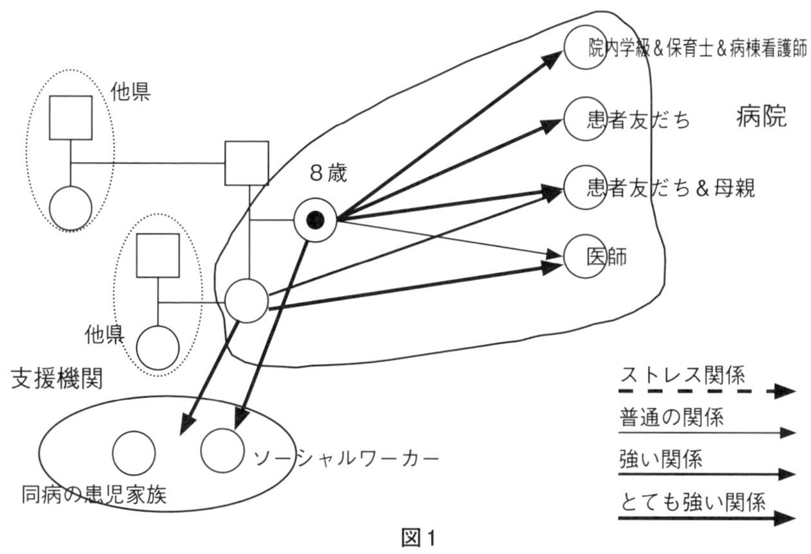

図1

ないのが現状である。一方で、患児と母親は病院で同様に生活を送っている仲間や病棟看護師、院内学級の先生などに支えられており、サポート体制は整っている。ただし、病院内のソーシャルワーカーは不在のため、院外でのサポートや情報を受けることが困難だった。

3．事例検討

事例提出者より反省として以下の3つが挙げられた。①患児家族の心理的状況の変化に伴い、関わりを変えてきたが、どちらかというと意図した距離の取り方ではなく、状況に応じた関わりになってしまい計画を十分に立てたとは言いづらい。②同様に訪問回数や連絡回数も患者家族の状況に応じた計画的関わりではなく、単にソーシャルワーカーが忙しくなってきたという物理的な理由で不可能になってきたこともあり、距離を取り始める移行が可能になったのは結果論にすぎないのではないか。③当初の介入目標は、母親の思いや現況を把握、整理をしながら、ソーシャルワーカーが持っている情報を提供し、共に次の一歩を考えていくことであった。それが次第に、傾聴にとどまり、不安や疑問があった場合も、調べる方法を伝えて母親や患児に動いてもらうよう力をつけていくこと、寄り添うことを目的とするようになった。しかしながら、介入当時は明確な目標を立てずに実践を行なってしまっていたのではないか。

参加者から事例についての確認の上で以下の４点について議論がなされた。

⑴　ソーシャルワークは流れのなかでやるべきなのか

本事例は結果論での合理性に過ぎず、状況対応も大事なスキルのひとつではあるが、状況に身を任せた対応を行なっていくのではなく、本来はアセスメント→プランニング→インターベンション→モニタリング→エバリュエーションと経過していくものであるはず。特にクライエントと共にモニタリングをしながら計画を再度立てていくように具体的に落とし込んでいくことが大事であり、その証拠を残していくことも課題だろう。

⑵　多忙がクライエントに与える影響

クライエントにもソーシャルワーカーの忙しさは伝わるときもある。今回の場合は理解されているようだが、距離の取り方がソーシャルワーカーの多忙のせいと、否定的に取られかねない危険性もあることを理解しなければならない。

⑶　傾聴と寄り添い

明確な計画がなされていないことで記録上の初期段階での危機介入の時期の傾聴、寄り添いと後半の自立の促しの時期の傾聴、寄り添いが現実的には支援過程における位置づけやクライエントが受ける意味合いが異なっていたにも関わらず、発表者の表面的な意識としては同じ一つの技法として捉えられているのではないか。

(4) 記録は十分だったか

時系列の事実を記述する記録はあっても、因果関係を説明できるだけのソーシャルワーカーの意図をも記録することはできていたといえるだろうか。せっかくの意識的な介入の変化もソーシャルワーカーの意図が十分に記載されていないことで後付け理論にしか見えない。プロセスで変化している家族のストレングス、及びエンパワーメントと絡んでいる原因、そのひとつであろうソーシャルワーカーの介在なども含めて記録し、ある程度のエビデンスを導き出して、説明づけていくことも記録には必要な要素だろう。

4．考察

(1) 事例提出者

本事例は初めの電話がかかってきたときから目まぐるしく展開していった事例であり、またその内容の深刻さからも職場のケースカンファレンスでも客観的視点を加え、可能な限り再評価を重ねられるよう留意しながら実践を行なっていた。そのため、記録に関してもムンテラの席順、発言の順番、面接場面でのソーシャルワーカーとクライエントの会話の量や時間など事細かに記載するように心がけていた。そうしながらも、ソーシャルワーカーのなかでは不全感が残り、事例研究会にて振り返りを求めたのである。

しかしながら、事例研究会での検討が重ねられるに連れ、議論の中心は介入の是非ではなく、実践の足跡の記録となっていき、求めていたものは是非にあったのではなく、実践を行なった確証だったと溜飲が下がったのである。指摘の通り、記録上に残されたものは客観的事実の記述のみであり、ソーシャルワーカーの主観的観点からの記述及び、加えられたはずの評価過程や計画の変更、意図すべき関わりの移行などの記載はなく、関わりすべてが意図や計画性を持った実践であるという証拠は欠落していると言わざるを得なかった。実際には、状況が一段落し、振り返りが可能になった事例研究会での事例提出のタイミングだったからこそ、全体像のなかのそれぞれのフェイズの位置づけや意味づけ、枠組みが可能になったに過ぎず、果たして経過の過程で同様の言及ができたかと指摘されると自信を持っては言えなかった。実践の証拠を残すことが出来ないがために、実践に実感すら持つことが出来ずにいたと事例検討を経て気づくことが出来た。

現場では、数多くのケースを抱え、同時進行で実践を行なっているソーシャルワーカーがほとんどであり、事例提出者も例外ではない。予定調和のなかで、ケースをこなしているわけでもなく、次の瞬間にはまた新たな局面を持つケースを抱え、介入をしていかなければならない。それを理由に、不十分な記録の言い訳をしていることも少なくない。しかしながら、限られた時間のなかだからこそ、記録をつけることは、適切なソーシャルワーク実践を行なうことを可能にするのであって、その内容の質を問われるのだろう。ソーシャルワーカーにとっての記録が重要だということも、業務の骨格であることも常々言われていることではある。ひとつのケースの介入の経過を、客観的事実と共に、ソーシャルワーカーの主観的要素を書き入れることで、ケースの終結を迎えたときには記録がすべての関わりの因果関係を証明する。さらにその蓄積が、エビデンスに基づく実践の開発に反映されていくのである。

事例研究会での事例検討にはクライエントとの出会いの再現が行なわれ、新たな出会いの場にもなりうるため、提出した事例との今後のかかわり方がまた新たな意味づけが加わり、姿勢が新たになることは言うまでもなく、他の抱えているケースに対しての示唆にもなることが多い。今回の事例研究会でも、研究会のメンバーと事例に対する姿勢の共有化が図られただけではなく、記録の意味づけを検討することで今後の課題を共有することもできた。

⑵　参加者①

本事例はクライエントの危機的状況に対して、発表者の瞬時の判断のもと危機介入的にクライエントに精神的に全面的に寄り添い、さらにはクライエントのストレングスを見極めながら対応を柔軟に変化させ、最終的にはエンパワーメントも引き出すという経過をたどり、発表者の力量によりソーシャルワーク実践の質はとても高いものであったと考えられるが、反面モニタリングやエバリュエーションが十分に行なわれていなかったものと思われる。

発表者と同じく、現実のソーシャルワーク実践においてソーシャルワーカーは、複雑に変化をしていく「人間：環境：時間：空間の交互作用」のなかで、その場・その時・その環境・その文脈における瞬時の判断としてアセスメント・プランニング・インターベンションなどを複合的に行なっている。このような瞬時の判断はソーシャルワーカーの内面だけに留まったり、仮にクライエントに対して言語化されたとしても時間の経過とともに曖昧になってしまうため、意図的であったか否かは立証困難となり、モニタリングやエバリュエーションが十分に行なえなくなってしまうばかりか、ソーシャルワーク実践の価値付けができないこととなりソーシャルワーカーの存在価値までも脅かす可能性があると言える。本事例検討においては、このような瞬時の判断に対して、主観的なソーシャルワーカーの瞬時の複合的判断をある時点で定期的に切り取り詳細に記録化し、かつその内容をできるだけクライエントと常に共有しながら協働でエバリュエーション・モニタリングを行ないながら実践を行なうことによって、よりクライエントに寄り添った専門性の高いソーシャルワーク実践が行なえるとともに、ソーシャルワークの存在意義を高めていくことができることが明らかになったと考えられる。

⑶　参加者②

記録にアセスメントと援助計画を記載する必要を、先生から指摘されたが、実践できているかと問われると私自身も耳の痛いところである。記録が面談で話し合ったことなどの備忘録の域を出ないこともあることが否めない。専門職の記録となれば、医師や看護師の記録がそうであるように書いた人がいなくても援助の続きができるレベルが求められる。目的をもって、計画を立て、どのような課題があるのか共有できなくては意味をなさない。もし仮に記録の開示を求められることがあったなら、なぜその援助を行なったのかを記録が語るくらいの精密さがあってしかるべきということである。

また、集中して取り組まなくてはいけないと感じて関わっている「熱い」ケース、というのが確かに存在し、無意識のうちにそのケースに重きを置くこと、プライオリティが上がることが、職人的な勘で行なわれていて、問題なく進行していてもそれだけではエビデンスとしては不足しているということである。

関わりの密度の問題に関連して、クライエントにソーシャルワーカーが「忙しそうだから」と言われることがある。それは他意のない気遣いの言葉かもしれないし、もしかしたら私たちより大事にしているケースがあるでしょうと捉えられていることの反応でもありうる。それを言わせてしまうソーシャルワーカーの態度や援助スピードに問題がないのか、どのように相手に伝わっているのか、研ぎ澄まされた批判性を持って臨みたい。

(4)　参加者③

今回の事例は、支援の根拠や意図が十分に意識化されないながらも、利用者にとって満足感の高い支援であった。このような事例は、決して特別ではなく、多くのソーシャルワーカーが経験し、従来は、経験知や職人芸（アート）などとされていたものの一部であると考える。

しかし、その意識化されない内容を言語化し、記録に落とし込む努力をすること。なおかつ、その内容について、利用者、家族、チームメンバーに対しての説明責任を果たすことの重要性が議論された。これは容易なことではないが、ソーシャルワークプロセスにおいて十分に意識化されないまま判断された経験知や職人技の一部を、「ソーシャルワークとして」とらえなおし、その根拠や意図を意識化、言語化する訓練をする機会は重要である。その一つの機会として、今回の事例検討会はとても有意義であった。

(5) スーパーバイザー（佐藤豊道）

連携・協働・チームアプローチが叫ばれるなか、今日のソーシャルワーカーの重要概念はパートナーシップである。これについてはワーカーの誠意ある対応によって、クライエントの信頼はつなぎとめていると思われる。一方では、ワーカーはパートナーシップを具現化したエビデンスを記録に残し、ソーシャルワーク過程がチームスタッフおよびクライエントに可視化されることが必要になる。ソーシャルワーク過程のエビデンスの可視化は、ソーシャルワークの科学化に貢献すると同時に、ワーカー自身のアート的側面を浮き彫りにする。ソーシャルワーク記録の意義を再考することは、ソーシャルワーク記録をパートナーシップのツールとしても、また、専門職のソーシャルワーク過程の客観性を高めるうえでも有効である。

5．課題

理論的にはアセスメント→プランニング→インターベンション→モニタリング→エバリュエーションと循環しながらフィードバック機能を働かせてソーシャルワーカー実践は経過していくわけだが、そのなかにクライエントも交えた文書化された実践が現場ではどの程度、行なわれているのだろうか。本事例では危機的介入でのソーシャルワーカーの積極的な介入から、状況の変化に伴いクライエントの自立的行動を促す介入へと変化してはいるが、それが明確な計画を持ったプロセスとは言いづらく、事例検討を通して明確な意識された計画性があると言い難い理由としてそれらが記録で残されていないこと、計画がクライエントと共有されていないことが明確になった。特に、クライエントを交えたプランニング、モニタリングに関しては書面を以て行なうことの可能性も示唆され、ソーシャルワーク契約という概念についても議論がなされた。

ソーシャルワーク実践を確かなものにするためにはもちろんのことだが、ひとつの実践をそれ限りで終わらせないためにも記録化、書面を用いたクライエントとのソーシャルワーク実践の共有もソーシャルワーカーの発揮すべきソーシャルワーク実践のスキルのひとつであり、それを可能にする書式や方法論については継続して議論を重ねていきたいと思っている。

ソーシャルワークの価値の媒介における有用な理論の検討
—田村健二の「コップ」の比喩を応用した人間理解—

齋藤　久美子

はじめに

ソーシャルワークにおける理論と実践の関係をどう捉えるかは、多様な立場があり得よう。筆者らは、「理論と実践と現実の三項関係」(米本 2008) という枠組みを参考に、「実践から導かれる理論の形成→理論が実践に役に立ち、よりよい実践が出来る (現実が変わる) →現実の変化に合わせて理論が発展」という循環型が理想的だと考える。

この3つのプロセスはどれも重要であり、現場からも提起していく課題だと考えるが、本稿では「理論が実践に役に立ち、よりよい実践が出来る」というプロセスに焦点を当てる。これは、実践から理論を導くだけでなく、理論が有用かどうかの検討も、もっと現場で盛んに行なわれるべきだと感じているからである。

1．今回焦点を当てる支援場面

ソーシャルワーク実践研究会では、「人間：環境：時間：空間の交互作用」(佐藤 2001) を軸に、本人・関係者 (家族・職場・近隣住人、友人等)・各専門職・機関等の多様な立場・価値観を尊重する支援について議論を行なってきた。その支援の有用な方法として価値観の媒介を検討するなかで、媒介の目的として「状況的価値」、さらには媒介のなかで起こる交互作用を「揺らぎ」と捉え、その意義を検討してきた。

本稿で扱う場面は、この多様な価値観の媒介を意図する場面である。この価値観の媒介は、対象者が相互変容することが前提となる。しかしながら、それぞれの状況・立場もあり、価値観の変容は容易ではなく、そのための有用な知識の検討が求められる。

２．取り上げる理論

今回取り上げる理論は、田村健二が面接関係に入る際に当事者の胸のうちを、「コップ」に例えた視点（田村 1971）である。これは実践を重視した田村が、多くの自らの実践と事例検討のなかから導いた理論である。この理論は田村のスーパービジョンを受けていた佐藤が本研究会のスーパーバイザーであることから、本研究会でも議論のなかで取り上げられている。

田村は、変容を意図したコミュニケーションについて、胸のうちを「コップ」に例え、その中身について検討することが有用だとしている。この「コップ」のなかには、対象者の様々な課題や感情が入っているとされる。また「コップ」の大きさは人によって異なり、また、同じ人であっても時間・環境によって変化する。

ソーシャルワークにおいて価値観の媒介をしようとするときに、当事者は多種多様な課題や、それに起因するアンビバレントで複雑な感情を抱いていることが多い。これは「コップ」がいっぱいで他者の話を聞き入れる余裕はない、つまり他の価値観を受け入れにくい環境にあると言える。そのため、価値観の媒介を行なおうとする際には、まずは当事者、関係者の「コップ」の中身を検討することが重要になる。その際、目先に現れる因果関係が明確な要因だけではなく、職場や家庭の状況など様々な要因が「コップ」のなかには入っているため、中身の量に加えて、中身を質的にも多角的に検討する必要がある。

「コップ」の中身があふれていたり、多いようであれば、それを減らすことから始める。容量を減らすには、傾聴、共感、すぐに解決可能な問題からの解決など、多様な方法がある。容量が減ることで相手の意見が聞けるようになり、多様な価値観を受け入れる前提が整う。

前提を整えたうえで、媒介を意図して他の価値観を「コップ」に入れる。入れる際にも、常に容量に配慮しなければならない。価値観の媒介は、他者の価値観を理解し、受け入れることが前提となるため、「コップ」の容量は増えることが多い。また、同じ話をしたとしても人によって増える量は異なる。その過程で、容量がいっぱいになってしまえば、中身を減らす、入れる量を変更する、入れることをあきらめる等しなければならない。さらに言えば、「コップ」を大きくしていく、つまり当事者のパワーを強化するというエンパワメントの過程が必要になる場合もある。

さらに「コップ」に空きがあったとしても、聞き入れられない内容もある。水と油のように、決して混ざり合わない価値観である。このような場合は混ざりあう価値観に変容させたうえで「コップ」に入れること等が求められる。ここでは、それまで当事者が持っていた価値観と他の価値観を混ぜあい、新たな価値観を創造することが有効となる。この新しい価値観の創造は当事者の価値観はもとより、ソーシャルワーカー・家族・関係機関のすべての価値が混じりあった価値観となり得るため、協働を実現する１つの方法となるためである。

３．方法

理論の有用性を検討する方法は、はじめに、田村の理論を事例の場面ごとにあてはめてストーリー化する。これによって理論を、具体的な実践として落とし込む（理論の実践への応用）。そのうえで、シングル・システム・デザインを参考に、田村の理論を意図した実践の介入前後の比較をし、理論の有用性を検討する。

４．倫理的配慮

今回検討する事例はいくつかの事例を織り交ぜた複合事例である。ただし、事例を作成するにあたり、以下の過程を経た。まず、田村の理論が有用であったと感じた事例をいくつか集め、その事例を類型化し、グループごとに事例のエッセンスを確認した。そのうえで、今回の検討目的に適したグループを選択し、そのエッセンスを損なわないように、複合事例を作成した。このプロセスを経ることで、複合事例でありながらも、本検討の目的に応じた、実践者が「あり得る」という感覚を持つ事例にするよう配慮した。

本研究会でも、厚みのある記述を基にした、ノンフィクションの事例検討を重視してきた。しかし、様々な要因から厚い記述の事例検討を公開することが困難になりつつある。これも現場からの提言であるが、現場で有用であることの検討を目的とした研究では、実践者が「あり得る」という感覚を持つ事例を作ることも有用だと考える。実証データとして複合事例の是非は問われるが、複合事例だからこそ、知の検討に有用である場合もあると考える。

５．事例検討：急性期治療終了後に転院の必要性が生じた事例

(1)　事例開始

脳出血の70代の女性。家族は長女、次女、長男。キーパーソンは長女。救急搬送で当院入院。急性期治療は終了したが、重度の後遺症が残ることが強く予測される（現在も要酸素マスクで本人の意思確認は困難な状態）。しばらく全身管理と経過観察が必要であり、転院の話がキーパーソンの長女に主治医からされる。そのうえで、医療ソーシャルワーカー（以下、MSW）が転院の相談

に対応するよう主治医から依頼があった。

(2)　場面1：長女と医師とのコミュニケーション

長女より医師に対して、「まだ酸素マスクをしているんですよ。それで転院ですか？　自分の親でもそうするんですか？」と転院に対して、受け入れがたいとの主張がある。医師は「救急病院は急性期の治療に特化しており、他の病院でも治療できる状況になると転院するのが今のシステム」と説明を行なった。

元気だった母が急に倒れ、入院して治療するも意識もはっきりしない。これだけでも長女の胸のうちの「コップ」はあふれかえっていることが想定される。そのうえで、急性期の治療が終わったので転院しましょうという話（他の価値観）が長女に対して突きつけられる。医師の説明は、現在の医療システムについて適切に説明しているが、長女のあふれている「コップ」のなかには入っていないと考えられる。

(3)　場面2：長女とMSWの面接（初回）

上記の状況を受けMSWは、長女の胸のうちの「コップ」の中身を減らすことを意図して、長女の訴えに耳を傾けた。長女は母を思う気持ちと、現在の医療システムに対する怒りを強く主張した。MSWはその感情を否定せず、母を思う気持ちに焦点化するよう心がけた。

そうすると長女は、当日の朝まで母が元気に食事をしていたこと、自分の子どもの受験で大変なときに、母が家事を手伝ってくれて大変助かったこと、当日自分が外出しているときに倒れたことなど母に対する詳細な物語を語りだし、それまでの強く一方的な口調から、母を思う優しい娘の口調に変わっていった。

MSWはその気持ちを傾聴し、話を一通り聞いたところで、「今日は突然転院の話だったと思うので、二日後にまた話し合いましょう」と提案したところ、長女は来たときよりは落ち着いて「そうさせてください」と、転院に向けた話し合いをすることに同意をした。

長女の話は、母への思いと、医療システムへの不満だった。現段階で「コップ」からあふれている内容は、この二つである。医療システムへの不満に関しては傾聴のみにとどめ、母の思いに焦点化したところ、母との具体的な関わりへと話が展開し、その話を聞くことで少し「コップ」の中身が減り、温和な話し方に変わっていった。その結果、転院そのものの同意まではいかないが、転院の話し合いが継続できるところまでは、同意が得られた。「コップ」の中身を減らすことで、また、入れる中身を変えることで、他の価値観を受け入れる許容量ができつつある。

(4)　場面３：長女とMSWの面接（２回目）

２回目の面接は、より詳しく「コップ」の中身を確かめるために「転院についてどう思いますか」という、オープンクエスチョンから始めた。すると、前回よりも医療システムへの批判を中心に転院について強い否定的な意見が表明された。

MSWは長女の気持ちを傾聴しながらも、医療資源の効率的な分配の必要性を多角的に説明するよう心がけた。しかし、長女の否定的意見に変化はみられず、このなかでMSWは、医療システムのなかに強く表れる効率性という価値観以外に、なにかしら長女が転院を受け入れられない理由があるのではないかと感じた。

そのためMSWは、長女に「私の話を理解してくださっているように思えますが、医療システムの問題以外に、転院できない理由が、何かおありでしょうか」と聞きながら転院を何故受け入れられないのかに焦点化して話をしていった。すると長女から、「母に一番かわいがられて、大事にされた存在です」という長女の家族における位置づけと、それ故に今回の転院の窓口であることの責任感が語られた。そして、転院を受け入れることで、家族のなかで、自分に対する信頼がなくなることが怖いとも表明された。

転院すること自体は、最初に医師から話があったときに、アンビバレントながらもやむを得ないと理解できる自分もおり、転院の必要性は分かるとのことであった。そのため、長女が一人でこの問題を抱えないようにするために、出来る限り多くの家族が集まれる日を選んでもらって、家族全員に今の状況と転院について、医師とMSWで説明をする機会を持つことを提案し長女の了承を得た。

ある程度「コップ」の容量が減ったにも関わらず、転院という他の価値観が長女の「コップ」には入らなかった。これは「母にかわいがられた家族の代表者」という他の価値観があったためであり、転院の話と長女の立場は相反する価値観といえ、おなじ「コップ」に入ることを困難にする環境があった。

そのため、MSWの今回の合同面接の提案は、「長女の家族の代表者」という役割の変化を意図した、つまり、混ざりあう価値観に変えようとする意図である。

(5)　場面４：合同面接

当日は、長女、長女の夫、次女、長男の４人が集まった。はじめに、医師から病状の説明と、転院の意図、転院後も治療に大きな不利益が想定されないことの説明があった。そのうえで、MSWが司会をしながら参加者に転院についての意見を聞いた。

いくつかの質疑応答（多くは転院後の治療にかかわること）の後、MSWが次女、長男の意見を確認し、次女、長男は転院について了解した。さらにその上でこれまでの経過を聞いてきたMSWが長女に意見を求めることで、長女は次女、長男の意見を受け入れ、「家族の代表者」としてではなく家族の１人としての意見が言えるようになった。その結果、転院の提案をうけ入れ、転院に向けての相談を進めることとなった。多くの関係者が集まっているその日に、近隣の候補病院の説明を行ない、具体的な検討に入ることとなった。

合同面接で長女は、次女・長男の意見を受け入れながら、質問で疑問を解消し納得をし、転院に対して肯定的な受け止めに変わっていった。これは「家族全体として転院を了承できる」という混ざりあう新たな価値観が生まれることにより、その価値観が長女の「コップ」に入ったことを意味する。

６．有用性の検討

(1)　場面１：「コップ」の比喩を使わない長女と医師のコミュニケーションの評価

「コップ」の理論を使わない面接では、長女の胸のうちの「コップ」の中身は検討されず、病院機能の説明に終始している。後で長女からも話されるが、医師の説明は、頭では理解出来るが、胸のうちの「コップ」には入っていない。

家族が転院について理解し、同意しないと実際に転院の話は進まない。そのため、医師としてはある程度妥当かつ丁寧な説明をしても、「分からない家族」という評価になってしまう。そうすると、医師の方も、こちらの価値観を受け入れられないのに、家族の価値観だけを受け入れるというのは、困難になる。そのため、互いに価値観を表明したとしても、互いに一方通行となり、医師と家族（当事者）の協働による価値観の形成というのは、困難になることもある。

(2)　胸のうちの「コップ」の比喩を使った、ソーシャルワーカーの関わり以降の変化

場面２では、「コップ」の比喩を用いた理解を行なうことで、ソーシャルワーカーが、長女の胸のうちの医療システムに対する怒りや母を思う気持ちという質的理解と、それがあふれているという量的理解ができている。（図１）その理解に基づき、母への思いを傾聴することで、「コップ」の容量を減らすことを可能にし、減ったことにより他の価値観を受け入れる環境が整ったことで、長女も転院の継続的相談について、ソーシャルワーカーの提案を了承している。

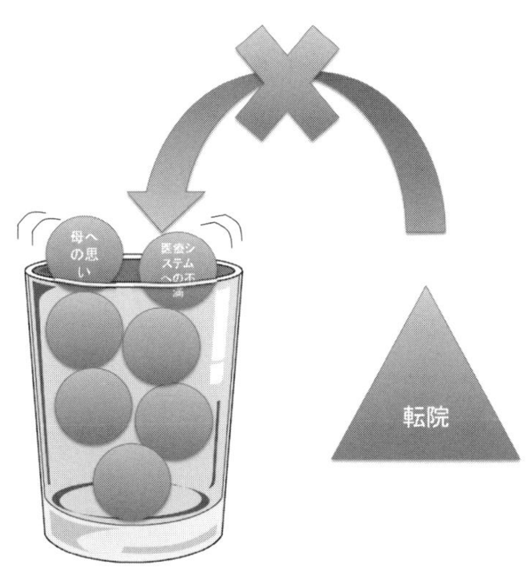

図１　場面２での長女の「コップ」

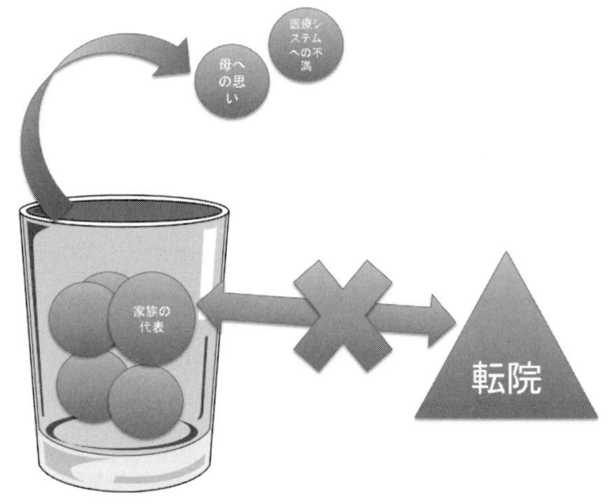

図2　場面3での長女の「コップ」

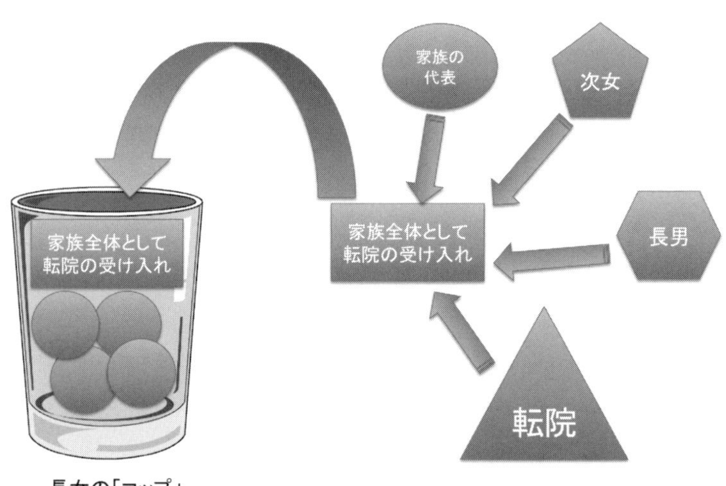

図3　場面4での長女の「コップ」

場面３では、他の価値観を受け入れる許容量ができた長女との価値観の媒介が、再度困難になる。「コップ」の中身を減らすことを意図して多様な説明を試みるも、強い拒否的な態度は変わらない。そのため、見えていない「コップ」の中身を推測し、確認していくことで、長女の転院を受け入れがたい理由を理解することが出来た。（図２）

場面４では、ソーシャルワーカーが仲介をしながら医師・MSW・長女・次女・長男すべての価値観を混ぜあうことで、それまで長女が持っていた「家族の代表として転院を認められない」という価値観から、「家族全体として転院を了承できる」という価値観が創造され、長女の「コップ」に入ることが可能になったと考えられる。これは価値観の共有も可能にしており、つまり医師・MSW・長女・次女・長男の価値観の媒介を可能にしたと言える。（図３）

⑶　田村理論の応用の有用性

⑴と⑵の比較から、ソーシャルワーカーが価値観の媒介をおこなうに当たり、田村理論（「コップ」の比喩）をもちいることで、価値観の変容に有用なことが示された。具体的には、①他の価値観を受け入れられる許容量があるか。②無い場合にはどのような支援を行なえば受け入れられる許容量が増えるのか。③多様な方法を試みても「コップ」があふれている場合に、他の要因を考えられないか。④ソーシャルワーカーが提示する価値観と、媒介するのが困難な価値観（水と油）があれば、混ぜあうことで新しい価値観の創造は行なえないか等の理解を行なうことで、ある程度有用な価値観の媒介が出来るためである。

そしてこの価値観の媒介の前提として、ソーシャルワーカーも当事者の価値観を理解し、尊重することが求められ、それにも「コップ」の比喩は有用であろう。今回は、おもに長女とソーシャルワーカーの二者関係であったが、これは参加者の人数が増えても応用可能であると考える。

7. まとめ

本稿では、事例を通して、価値観の媒介をおこなううえでの田村の「コップ」の比喩の有用性を検討し確かめることができた。これは、本研究会で検討してきた「状況的価値」、「揺らぎ」等の概念を、具体的な支援に有用な方法として示すことも出来たと考える。

ただし、今回の検討方法では、複合事例であることなど、信頼性に関しては課題が残ることを自覚している。そのため今回の手法を反省しながら、検討を積み重ねることが不可欠である。しかし、理論と実践の循環の試みの１つとして、あえて提示をしてみた。専門職実践に有用な理論について、議論が深まるきっかけになれば幸いである。

[参考文献]

佐藤豊道（2001）『ジェネラリスト・ソーシャルワーク研究―人間：環境：時間：空間の交互作用』川島書店．

田村健二（1971）「インテーク―O.M ケース」日本社会事業学校連盟編『ケースワーク実践の基礎―事例によるケースワーク研究』全国社会福祉協議会，1-22.

米本秀仁（2008）「ソーシャルワークの理論と実践は循環するのか」『社会福祉実践理論研究』第17号，43-56.

第 3 章　教育編

佐藤豊道先生への近況と実践報告

村松　愛子

A市は首都圏近郊にあり10年ほど前に都心に乗り入れる鉄道が開通し、新しく駅ができた中部は人口が増加し、小学校や学童保育の不足が取りだたされている、一方で新駅から少し離れた市の南部は他県と隣接しているが、どこの駅に出るにも本数の少ないバス便であり人口が微減している地域であった。コロナウィルス禍に私はA市の南部地域にある地域包括支援センターに赴任した。そこではフレイルと貧困、度数の高い4リットルのボトルに入った焼酎ジェネリック大五郎に可視化されると搾取、受療困難の燎火が蔓延していた。

私はこれまで病院や老人保健施設のソーシャルワーカーとして働き、ソーシャルワーク実践研究会に事例を提出して、佐藤豊道先生から指導を受けてきたが、今度の職場は初めて先生からスーパーヴィジョンを受けないことになる。しかしながら、事例検討に提出できる実践をしているかいう自問が指針であり、これまでになく先生の言葉を感じ、陽に焼け、靴下に何か付着させながら、家々を自転車で走り回っている。

佐藤豊道先生にスーパーヴィジョンを受けることを夢想して、地域包括支援センターで発見していることを実践報告する。まず、病院を出てクライエントを何と呼んでよいのか悩ましい。「患者」ではない。契約を結んでおらず、ニーズを自覚していない人を「利用者」と称するのも、「お客さん」もそぐわない。高齢者というのも対象が漠然としている。今のところ答えは出ていない。

また初めは病院で患者に対して湧くような気持ちを、その地域の人に持てるのか心配であった。対象がみえにくいのだ。先生はクライエントに対し、相対することで温かい関心を持つことを『だんだんかわいくなってくる』と評していた。杞憂に終わり、かわいくなっている。

所属する地域包括支援センターの所長は保健師であり、他職種が上司になる。先生は他職種の職業規定を理解することとリスペクトすることを教えてくださった。保健師は児童の分野でも、あかちゃんに触れることができ、介入する能力が大きいと聞いてはいたが、保健師はすごい。まず、対象者の身体に触れるタッチング。相手を信頼させる技術である。みんなを好きさせてしまいそうだが、これから起こりうることを未然に防ぐ「予防」が信条であり、先回っていうので、失敗したのを慰めるより、うるさがられるのは承知だろう。

今、わたしに示唆を与えてくれるＸさんは80代の女性である。Ｘさんは夫と２人暮らしである、子はいない。小柄で読み書きが難しい。周りの人にお金を上げてしまっている。慢性疾患があるが、数ヶ月に渡り受診を中断していたため、受診の支援をしている。彼女は親しげにセンターの職員であるわたしたちを「おねえさん」と呼ぶ。毎回、会う度に「子どもはいるのだろう」と聞いてくる。出会って２ヶ月だが、会う度に肩が小さくなり、見るからに痩せてきている。市の高齢者サービスの配食弁当を、彼女の知人と元奉公先の子女と勧めたが、本人は乗り気でなかった。その際、Ｘさんが自分より年下の子女に対し「ねえさん」と呼びかけるのを聞いて、一般に気安く女性に呼びかける呼称だと思っていたが、彼女が奉公先で仕込まれ、生活スキルとして身に付けた敬称なのだと気付いた。彼女の年金で暮らしている夫に弁当を非難され、「あんなまずいものおカネをもらっても食べたくない」「みんなバカだ、バカだというけど、マンマくらい炊ける！」と知人に対し気色ばんだと聞いた。東北に生まれ、８人きょうだいの末子で、両親は農家の手伝いをしていたが、暮らしは厳しく、わずかな麦とじゃがいもを混ぜて食べていたという。勉強ができなかったから、途中で学校をやめたと言うが、姉と

15才で奉公に労働力として出てきた彼女にとって、元奉公先の人に世話になる、食事の用意ができないことは屈辱的で人生を否定される、あってはならないことなのだろう。「生活世界」という言葉が浮かばずにはいられないエピソードであった。Xさんは、受診に行くとき「どきどきする」と言って拒んだ。またあるときは「先生が怖い」のだと言った。奉公に出てきて間もない頃、盲腸炎になり医師から「あと30分遅かったら死んでいた」と言われたことも聞いた。奉公先で具合が悪いと言い出せず、１週間も苦しんでしまったことを想像するといたたまれない。受診をするのは、予定を覚えておくこと、移動の手段を手配するといった複雑なスキルが問われる。病院にようやく到着しても立派な建物に気が引けて、順路は難しく、予診表を書くことを求められる。その上、服薬のアドヒアランスや日頃の行ないが審判され、自分が歓迎されているようには思えない、お金がいくらかかるのか当人にとっては時価である。

これまで私は箱のなかにいて、病院に来られる人しか会わず、見ることができなかったことを知った。まさに「無知の知」である。また、いとも簡単にお金を取られる人を目の当たりにして、豊道先生が「豊田商事事件」のことを話したことを思い出している。

「シンパシー」という言葉が流行しているが、他人の立場に立つことは簡単にできない。今、新たな視座を得ている。

佐藤先生について

國吉　安紀子

東洋大学を卒業後、急性期病院で医療ソーシャルワーカー(以下、MSW）として働き始めた。いくつか職場を変わったが今もMSWである。

まだ若手と呼ばれる頃、何となくひとりでの仕事ができるようにはなってきたが、職場では常に上司や先輩から指導を受けることが多く、自分に自信が持てずに悶々としていた時期があった。在院日数の短い急性期病院で医師や看護師からのプレッシャーを感じながらの退院支援は、世間で揶揄されることのあるまさに「退院させ屋」と言われてもおかしくない存在であったように思う。ソーシャルワーク実践研究会（以下、SWP研究会）に参加し始めたのはそんな時である。

佐藤先生はいつも笑顔で私たちを迎え入れてくれた。どんな失敗談を発表しても批判せずに話を聞いてくださる。自分のソーシャルワークに自信がなかったが、佐藤先生の穏やかな口調で助言をいただくと、不思議とやれる気持ちになっていた。時間がないという言い訳を先生は決して見逃さず、クライエントに向かい合い、傾聴し、「人間：環境：時間：空間の交互作用」の視座を教えていただいた。SWP研究会のあとは、前向きに実践に取り組めていた。

東洋大学の社会人大学院に入り、修士論文をご指導いただく際、個別で時間をつくっていただいた。論文が思うように進まない焦りと家庭不和のいら立ちが相まって先生の前で涙してしまったことがある。それを見た先生は動揺もせずににこりと「泣いていいんだよ」と声をかけてくださった。激励でもなく、助言でもなく、ただただ受け入れてくれた先生に救われた。実践しようとしていた「受容」を体験し、ようやく「受容」とはどのような行為なのか、クライエントにどのように影響するのか気づいた出来事であった。

現在の私の業務はといえば、未だにほとんどを退院支援が占めている。そんななか先日、一人の入院患者と面談をし、猛烈に佐藤先生のスーパービジョンを受けたくなった。

急性期病院からのリハビリ目的で当院に転院されてきた70代後半の一人暮らしの男性。仮にＡさんとしておく。Ａさんはリハビリが進み、病前とほぼ変わらぬ能力を取り戻し、退院が目前という時のＡさんと当職の面談。独居生活継続のために支援可能な制度等を紹介が目的であった。面談時には不在であったが、転院時に付き添っていた他県に住むＡさんの娘は今後も独居生活を続ける父親を非常に心配していた。入院時の様子ではお互い視線を合わせる会話もなく、事務的な会話のみ。緊張した空気が伝わってきたので、関係が良好ではないことは明らかであった。それでもＡさんの娘は父を心配して何度か当職にＡさんの様子を尋ねる電話をしてきていた。

Ａさんには娘が心配していることなどを伝えた。Ａさんは電話やメールで娘から連絡が入るが、煩わしいのであまり返事をしていないことをとつとつと話し始めた。娘がＡさんの生活に関わりたい気持ちはＡさんももちろん理解している。ただ、「彼女は全て自分が正しいと思い込み、あれやれこれやれと指示をしてくる。今回の入院で親子の立場が逆転し、私を押さえつける気持ちが強くなったようだ。人の気持ちを慮ろうとする考えが全くない。長期の入院に疲れたのでしばらくは○○（Ａさんの愛猫）とゆっくり過ごさせてほしいと伝えているが聞き入れず、『部屋の片づけ』や『近所へのあいさつ回り』などこちらの意に沿わないことを言い続ける。穏やかに話をしたいが、それも拒否されている」等のＡさんの気持ちが語られた。今回の入院が契機となり、終活が現実的になってきたというＡさんは、親子関係を再構築したいと考えていた。が、老いては子に従えと言わんばかりに命令口調となり、態度が硬化したという娘に閉口していた。娘はひとりの父親の心配ももちろんしているだろうし、Aさんにプラスになるような助言は、認められたいという気持ちもあるのではと当職が指摘すると「そうでしょうね。そういうこともあると思います」と理解を示す。お互いのことを思いながらも少しのずれでけん制し合う親子関係が続いていくのかと思うといたたまれなくなったが、退院となってしまった。

今回のケースに関しては、Aさんの語るストーリーを理解し、受容を試みたが「時間：環境：時間：空間の交互作用」のとらえ方が十分ではなかったと考えている。果たして先生に相談するとどのような指摘をいただけるのか想像しながら、MSWとしての言葉が出ない面談をしていた。

SWP研究会では常に新しい発見があった。昔の記録を読み返してみると、当時は気づかなかった言葉に心を動かされることもある。今後もクライエントのために能力を高めたい私には佐藤先生のようにあたたかくも厳しい助言が欲しいと願いつつ、これまで指導いただいたエッセンスを後進に伝えるための方策を考える日々である。

佐藤先生との思い出

植村　麻美

佐藤先生との最初の出会いは、大学１年生の春学期火曜日５限の授業、社会福祉援助技術論だった。当時からソーシャルワーカーになることに憧れを抱いていたのだが、そもそも“社会福祉とは何か”を全く理解していなかった自分にとっては初めて社会福祉の学問の深さを学んだ講義であり、その深さに衝撃を受けたことを記憶している。

まずテキストに書いてある内容が難しい。そのテキストに合わせて講義が進むのだが、専門的用語もかなり多く、学習するのが大変だった印象が強く残っている。毎回の授業はテキスト（毎回およそ１章分！）内容について先生からの講義と、毎回の「子細に読んでおくように」との言葉。一応、復習に励み、テキスト１冊分が範囲の定期テストに怯えたことをつい昨日のように思い出される。現在入職して８年目になったが、現場に出ているうちに実習生指導や日頃の支援に疑問を持つこともあり、もっと先生に教えていただいておけば良かった…と、思い返すことがしばしばある。

大学４年生のゼミにて改めて先生にお世話になった。他のゼミにはなかった卒業レポート（卒業論文とほぼ同等のもの）の作成があり、そのことで一緒にゼミを選択した友人と戦々恐々としたことが思い出される。だが先生はレポート作成方法がわからなかった自分に作成方法を一から教えてくださり、内容についても専門的視点からの考察の方法等助言をくださった。先生にMSWとして働くと報告した際には喜んでくださり、自分自身とても嬉しく思ったことを記憶している。

卒業式後の謝恩会の際に、感謝の意を込め友人と佐藤先生にネクタイをプレゼントさせていただいた。確か犬柄のネクタイだったと記憶しているが、今でも使ってくださっているだろうか。

MSWとして入職したのちソーシャルワーク実践研究会にお誘いいただき、参加させていただいた。就職してすぐは出席できない日々が続き、また都合つかず欠席することも多かったが、それでも先生は決して怒ることもなく、温かく迎えてくださった。心に染みるような優しいお言葉をいただけるような、温かい雰囲気が印象的だが、併せて自己研鑽の場として「専門職としてどうあるべきか」の意識づけをされるような会だった。入職して初めて事例を提出した際、内容がとても稚拙なものであったが、多々励ましのお言葉をいただき、明日からも頑張っていこうと背筋が伸びたことを覚えている。研究会のなかで自分は支援の“プロセス”が大事なのだと学んだことが強く印象に残っている。本人・家族がどうしてその選択をしたのか…、その選択をするまでのプロセスにて、ソーシャルワーカーがアセスメントし、必要にてソーシャルワーカーがきちんと選択肢を与え、それに寄り添う支援を行なったのかが大切であると。加えてなぜ？どうして？の視点を欠かさず、アセスメントにつなげていくことが必要であると。今となっては当たり前と思われがちであるが、思い返せば日頃意識せずおざなりにしてしまう部分ではないだろうか。自分にとって研究会はソーシャルワーカーとしての基本姿勢を正してもらった機会であったと強く感じている。

先生の突然の退官の知らせにはとても驚いた。もっとたくさん先生のお近くで勉強しておけば…と後悔が残る。先生に教えていただいたことを忘れず、今後もソーシャルワーカーとして精進していきたい。

最後に、偉大なる佐藤豊道先生にご指導いただき、大変光栄に思っております。そして、このように感謝の意を伝えることができたことも大変感動であり、機会を下さったSWP研究会参加者の皆様に、この場を借りて大変感謝申し上げます。

佐藤先生から学んだこと

齋藤　久美子

佐藤先生の授業を初めて受けてから、もう24年も経つ。

１年の時には、社会福祉援助技術論を学んだ。２年の時には先生が研究で渡米しており、帰国された３年、４年と先生のゼミに所属した。

大学時代には、たくさんの教材を用意していただいた。まったなしの患者、その13年後の考察、荒川義子先生のワーカーの自己理解とクライエントとの関係、老人ホーム入所中の大島さんのライフヒストリー、『夫婦は寄り添って死んだ』の新聞記事…。社会福祉の専門書から日常の新聞まで様々な題材をもとに、社会福祉の価値と倫理について、じっくりと考える時間を与えて下さった。今でもそのことは忘れられない。

先生は、ゼミに入ったときの先生の自己紹介のメッセージ欄で、本をよく読むことと、特にまじめに議論できる友人を持つことを勧めて下さった。その教えは私の今の生活の根底に続いている。ゼミで一緒に学んだ、何でも議論でき、ともに励ましあえる友人がいることが、今でも実践を続けていく大きな力になっている。

大学を卒業してからは、約15年ソーシャルワーク実践研究会で事例検討の機会をいただき、定期的に先生や同期、諸先輩方と顔を合わせながら日々の実践を振り返った。自身の実践を詳細な記録に書き起こし、自分なりの考察を加える、このプロセスはまさに産みの苦しみだった。それでも、良い実践のために先生や参加者の助言を得たいという思いで参加した。

先輩方の計らいもあって、多くの研究会の逐語記録が残されている。逐語記録を読み返すと、必死で、言い訳の多い、でも周囲に認めてほしいわたしを、まさに受容的に、支持的に受け止めて多くの示唆に富んだ指摘、助言をしてくださっていたことが良く分かる。「相手の準拠枠を理解すること」、「気持ちを表出してもらってからこそ自己決定が出来るということ」、「相手にわかる形で提示すること」…これらは日々の実践の基盤になっている。

すでに10年以上前の事例がほとんどだが、今だから理解できることもあり、今もなお、大きな気づきがある。「ソーシャルワーカーも表に立っていかないとならないこと（多職種のなかでのリーダーシップの必要性）」、「ソーシャルワーカーはシステムの遂行者ではなくむしろチェック機能にもなること」、「結果は変わらなくても主張していくことの大切さ」などは、今現在の自分への励ましのメッセージに感じられる。時間軸の視点の重要性を、身をもって体験した。

今回の書籍の話が出て、先生から学んだことを一つの形にまとめようと、逐語記録を読み返しはじめると、いつも記録のなかに深く潜り込んでいくような感覚になり今のわたしでは、それを一つの形にまとめることができなかった。まとめることはできなかったが、日々の実践に生かしつづけていくことが、今できるせめてもの先生への恩返しになるかと思っている。

社会はどんどんと目まぐるしく変化している。社会の変化に伴い、規範や、価値、倫理なども変化する。いろいろな出来事が起きるたびに、佐藤先生ならどのようにその出来事を捉えるのか、どのような意見を持たれるのか、お伺いしたいという思いがいつも頭をよぎる。先生が退官され実際に先生の見解を聞く機会が得られないことが残念である。しかし、先生からの学びを忘れず、ソーシャルワーカーとして、「人間：環境：時間：空間の交互作用」に着目しながら、目の前の人たちが少しでも暮らしやすくなるように、少しでも多くの人が暮らしやすい社会をつくっていけるように自己研鑽と実践を続けていきたい。

おわりに

今回は、学部時代に佐藤豊道ゼミだった方たちの執筆をお願いした。大学院生を対象に研究者としての指導をする佐藤先生ではなく、学部生だからこそみられた佐藤先生のソーシャルワーク教育や人柄をたくさん知ったメンバーである。

佐藤先生をはじめとする優秀な研究者は唯一無二であり、そのものになると言うことは不可能だ。だからせめて僕は院生時代に憧れた「佐藤豊道先生的」研究者になりたかった。佐藤先生は「的」を使うと「○○的」と、「○○そのもの」とどう違うのかを述べなさいと必ずおっしゃった。本書を作る過程は、「佐藤豊道先生的」になるとは何かを考えるいい機会だったと思う。

ふとある映像でチバユウスケというミュージシャンが、10年前はみんな10歳若かったというMCをしていた。根拠もなく「佐藤豊道先生的」だと感じた。10年前は10歳若いのは当たり前であるが、その間の交互作用の積み重ねが今であり、10年前の自分はその積み重ねのない自分でしかない。そしてその10年の間、想像もしていなかったことも起きていて、それはポジティブ、ネガティブ双方の変化をもたらしている。

こう考えたときやっぱり私にとっては、10年前はみんな10年若かったに含まれる「人間：環境：時間：空間の交互作用」が「佐藤豊道先生的」だと思った。そして本書でその内容に迫ることを試みた。結果は不満足ではあるが、言語化することで「的」なものにすこし近づけたような気がする。

同じように、本書ではどの執筆者の原稿からもそれぞれが感じた「佐藤豊道先生的」なものが感じ取れる。それは各自が佐藤先生から受け取ったものであり、私は勝手に校正段階で、各執筆者のキャラクターと「佐藤豊道先生的」ななにかを結びつけて楽しんでいる。

本書の目的はジェネラリスト・ソーシャルワークの一般普遍的な視点である「人間：環境：時間：空間の交互作用」の視点をより詳細に理解し、その研究を少しでも継承していくことであった。それは難しいことを言っているようであるが、この本の執筆者達は「佐藤豊道先生的」な何かを書くことでそれぞれの立場、視点で継承しようとしている。

国試のテキストにあるキーワードとして、中身も分からず暗記する「人間と環境の交互作用」ではない。佐藤先生が研究を積み重ねてきた人間観、支援観を踏まえた「人間：環境：時間：空間の交互作用」というソーシャルワークの視点を、各執筆者が様々に表現したのである。

研究者でも実践者でもいい、本書のどこかしらに共感する人が現れ、佐藤豊道先生のジェネラリスト・ソーシャルワークの視点が継承され、深められてほしい。その過程で大河が小川になったとしても、その流れが途切れることなくその地域（ソーシャルワーク）に貢献する流れを止めずにいたい。そのための努力の一環という本書の編者としての願いを記して終わりたい。

「サクラサク」のメールを思い出しながら博士論文を書いた研究棟にて

新保　祐光

編著者紹介

新保　祐光（しんぽ　ひろみつ）

1973年生まれ。1996年東洋大学社会学部社会福祉学科卒業。1998年東洋大学大学院大学社会学研究科社会福祉学専攻博士前期課程修了。1998年３次救急医療機関で医療ソーシャルワーカーとして勤務（～2008年）。2008年大正大学人間学部社会福祉学科専任講師。2012年東洋大学大学院社会学研究科社会福祉学専攻博士後期課程修了。博士（社会福祉学）。現在、大正大学社会共生学部社会福祉学科教授。社会福祉士・精神保健福祉士。主な著書『退院支援のソーシャルワーク―当事者支援システムにおける「状況的価値」の形成―』（相川書房，2014年）等。

久保田　純（くぼた　じゅん）

1975年生まれ。1998年東洋大学社会学部社会福祉学科卒業。1998年政令指定都市に社会福祉職として入職し、知的障害者更生施設生活指導員、児童相談所児童福祉司、福祉事務所生活保護ケースワーカー・こども家庭支援担当ソーシャルワーカー・高齢者支援担当ソーシャルワーカーを歴任（～2019年）。2007年東洋大学大学院社会学研究科福祉社会システム専攻修士課程修了。2018年東洋大学大学院福祉社会デザイン研究科社会福祉学専攻博士課程修了。博士（社会福祉学）。現在、日本大学文理学部社会福祉学科准教授。社会福祉士。主な著書『母子家庭へのソーシャルワーク実践モデル―「当事者主体」に向けた「『揺らぎ』に基づく合意形成」―』（風間書房，2020年）等。

執筆者紹介（執筆順）

井上　修一　（ソーシャルワーク実践研究会）
山口　　圭　（ソーシャルワーク実践研究会）
内田　栄美　（ソーシャルワーク実践研究会）
樋口　明子　（ソーシャルワーク実践研究会）
齋藤久美子　（ソーシャルワーク実践研究会）
村松　愛子　（ソーシャルワーク実践研究会）
國吉安紀子　（ソーシャルワーク実践研究会）
植村　麻美　（ソーシャルワーク実践研究会）

ジェネラリスト・ソーシャルワークの継承と創発
—佐藤豊道の研究・教育から—

2023年9月24日　初版第1刷発行

編著者　新 保 祐 光
　　　　久 保 田 　純

発行者　風 間 敬 子

発行所　株式会社　風 間 書 房

〒101-0051　東京都千代田区神田神保町1-34
電話 03 (3291) 5729　FAX 03 (3291) 5757
振替 00110-5-1853

印刷　平河工業社　　製本　井上製本所

NDC分類：369

ISBN978-4-7599-2482-4　Printed in Japan